饮流斋说瓷

许之衡 著
李　晨 编著

全国百佳图书出版单位
时代出版传媒股份有限公司
黄　山　书　社

图书在版编目(CIP)数据

饮流斋说瓷 / 许之衡著；李晨编著. — 合肥：黄山书社，2015.7
（古典新读·第1辑，中国古代的生活格调）
ISBN 978-7-5461-5194-6

Ⅰ. ①饮… Ⅱ. ①许…②李… Ⅲ. ①古代陶瓷-研究-中国 Ⅳ. ①K876.34

中国版本图书馆CIP数据核字（2015）第175602号

饮流斋说瓷
YINLIUZHAISHUOCI
许之衡 著　李晨 编著

出 品 人　任耕耘
总 策 划　任耕耘　蒋一谈
执行策划　马　磊
项目总监　高　杨　钟　鸣
内容总监　毛白鸽
编辑统筹　张月阳　王　新
责任编辑　金　红
图文编辑　王　屏
装帧设计　李　娜　李　晶
图片统筹　DuTo Time
出版发行　时代出版传媒股份有限公司（http://www.press-mart.com）
　　　　　黄山书社（http://www.hspress.cn）
地址邮编　安徽省合肥市蜀山区翡翠路1118号出版传媒广场7层　230071
印　　刷　安徽联众印刷有限公司
版　　次　2016年1月第1版
印　　次　2016年1月第1次印刷
开　　本　710mm×875mm　1/32
字　　数　164千
印　　张　6.75
书　　号　ISBN 978-7-5461-5194-6
定　　价　26.00元

服务热线　0551-63533706
销售热线　0551-63533761
官方直营书店（http://hsssbook.taobao.com）

前言

在我国古代的各类文献材料中，关于陶瓷的笔记、类书、地方志和诗文数量不少，但是系统研究和介绍陶瓷的理论专著为数却并不多，而且出现得也比较晚。清代的陶瓷学专著有蓝浦的《景德镇陶录》，无名氏的《南窑笔记》，吴骞的《阳羡名陶录》，朱琰的《陶说》，寂园叟的《陶雅》，程哲的《窑器谈》等。而成书于民国初年的《饮流斋说瓷》可以说代表了当时陶瓷学术研究的新水平，不仅提纲挈领，而且深入浅出，一经出版就广为流行，成为研究瓷器的学者和藏家的必读之作。

《饮流斋说瓷》的作者许之衡（1877—1935）字守白，是广东番禺人。他本是光绪二十九年（1903）的副榜贡生，后东渡日本留学，毕业于明治大学。回国后，许之衡历任北京大学国文系教授兼研究所国学导师、北京师范大学讲师，对中国古典词曲声律颇有研究。“饮流斋”是

他的书斋名，他因此自号“饮流斋主人”，有时也用“饮流”、“饮流客”等笔名来发表文章。

许之衡的专研学问并不是瓷学，而是音乐戏曲声律之学，一生留下许多词曲学的研究著作和戏曲作品。而他在主业之余“笃好瓷艺”，又因与《陶雅》的作者寂园叟做过近邻，受到《陶雅》的影响，写下了这部条理更加井然、内容更加完整的《饮流斋说瓷》。

《饮流斋说瓷》正文共有十章，依次为概说、说窑、说胎釉、说彩色、说花绘、说款识、说瓶罐、说杯盘、说杂具、说疵伪。每章涵盖瓷学的一个方面，先纵说历史发展，再横说分类花色，不仅体例清楚，而且分析入微，有许多独到的见解，体现出作者深厚的瓷学和艺术功底。然而因其毕竟是近百年前的著作，论述中不可避免有过时、谬误之处。本书节选了原作各章中论述精彩的部分，对其进行解释，并在此基础上以今天的眼光进行扩展式的解读，希望对瓷器工艺与古瓷收藏有兴趣的读者有所裨益。

目录

概说第一

吾华美术，以制瓷为第一。何者？书画、织绣、竹木、雕刻之属，全由人造，精巧者可以极意匠之能事。独至于瓷，虽亦由人工，而火候之浅深，釉胎之粗细，则兼借天时与地力，而人巧乃可施焉。故凡百工艺，欧美目吾华皆若土苴等视，独瓷则甘拜下风，尊为瑰宝，诚以瓷货之美冠绝全球，虽百图仿效，终莫能及，盖得于天地者厚也。宜夫“钗拿”之名代表国号，释其义则“支那瓷”之省文也，其声名洋溢，固已久矣。

【解读】

在我华夏众多的工艺美术品种之中，瓷器制造名列第一，备受尊崇，这是为什么呢？因为无论是书法绘画、纺织刺绣，还是竹雕木雕，都是全靠人力来完成的，只要巧妙构思、精心制作就可以制作出精美的作品。唯独瓷器的烧制，虽然也需要人工来控制，但是烧制火候的深浅，釉面和瓷胎的粗细，都要借助天时地利，再加以人工巧制，才能完成。因此，欧美发达国家并不看重我国的其他各种手工技艺，认为那都不过是些雕虫小技，而唯独将制瓷工艺视为中华瑰宝，甘拜下风。我国制造的瓷器品质精美，尽管各国工匠想尽办法效仿研习，却都无法达到我国的水平，这是因为我国制瓷业具有得天独厚的条件。无怪乎中国会以英文“钗拿”（China）一词来命名，其实就是“中国瓷器”的意思，因为中国的瓷器早已在世界范围内声名远播了。

克拉克青花花鸟纹外销盘（明 万历）

根据考古发掘，中国陶瓷的外销最迟始于唐代，当时是作为特产随丝绸运往国外的。到了宋元时期，随着航海业的发展，瓷器的外销逐渐繁荣，其运输的主要线路一是沿着著名的丝绸之路，从陆路销往中亚细亚、波斯乃至地中海沿岸地区；另一条则是从海路自广州出发，绕马来半岛、经印度洋到波斯湾乃至地中海及非洲的埃及等地。千余年来，中国瓷器输往亚、非、欧、美等各大洲，对这些地区的文化和社会生活都产生了重大的影响。

瓷质之贵，在于瓷泥。瓷泥也者，以地质学语释之，乃一种富于黏性之冲积土也。大抵由山水冲激，积而成砂，砂复滤细，则成为泥。是种土砂，非随处所恒有，复分各色，有紫、有黄、有褐、有白，而以白为最贵。紫也、黄也、褐也，均无法使之白，而自之一种，千百年来，独尊景德镇之所制焉。

【解读】

高岭土样品

瓷器质地的珍贵在于其原材料——瓷泥。用地质学用语解释，瓷泥是一种富于黏性的冲积土，是因为土石不断受到水流冲刷，慢慢形成砂石，又经过反复过滤沉淀，形成泥土。这种土砂并非随处可见，有紫色、黄色、褐色、白色等多种颜色，其中以白色最为珍贵。因为紫色、黄色和褐色都无法变成白色，而千百年来，就白色这一种瓷器而言，还要算景德镇所制的品质最为上乘。

瓷泥也叫高岭土，是一种以高岭石黏土矿物为主的黏土和黏土岩，因江西景德镇高岭村而得名。质纯的高岭土洁白细腻、质地松软，含有杂质时便呈现出灰、黄、褐等颜色。高岭土主要由高岭石、埃洛石、水云母、伊利石、蒙脱石以及石英、长石等矿物组成，具有良好的可塑性和耐火性，湿土能够塑成各种形状而不致破碎，且能长期保持不变形。

景德镇的高岭土在国际陶瓷界都具有影响，因为景德镇产的高岭土品质上乘，用其烧制出来的景德镇瓷器品质也非常好。根据近年对景德镇窑址出土器物的考古研究表明，五代时期景德镇青白瓷就已经初具雏形，可以说后来景德镇青白瓷的肇始就是五代时期的白瓷。景德镇白瓷的胎质洁白，透光度好，釉色白中偏青，釉面细腻光洁，积釉处呈淡青釉色，堪称景德镇瓷器的代表。

吾华制瓷，可分为三大时期：曰宋，曰明，曰清。宋最有名之窑有五，所谓柴、汝、官、哥、定是也。更有均窑，亦甚可贵。其余各窑，则统名之曰小窑详后《说窑》章。而元之一代，历年较短，与宋末不甚相远，亦可附于宋焉。明之最盛，在永乐、宣德、成化、嘉靖、万历数朝。清又可分为五期，康熙、雍正、乾隆、道光、光绪，均为一代作制之杰出者。此时代之大较也。至于宋以前，虽隋唐时代有作者，然皆于故录识其名，罕得目睹其物，兹编故断自宋代为始。

【解读】

我国制瓷业的大发展主要分为三个时期，即宋代、明代和清代。而宋代最有名的瓷窑有五个，就是通常所说的“五大名窑”——柴窑、汝窑、官窑、哥窑、定窑。此外还有均窑，也非常名贵。其他的瓷窑则一概称为小窑，详见后面“说窑”一章。元代历时较短，且与宋末相距不远，也可附属在宋代。明代制瓷最鼎盛的时期是在永乐、宣德、成化、嘉靖、万历数朝。清代又可分为五个时期，康熙、雍正、乾隆、道光、光绪几代都制作出了精美绝伦的瓷器。以上都是从时代上进行的大致划分。至于宋代以前，虽然隋唐时期也有制作瓷器，但都只能在一些古代文献中才能看到相关的记载，很少能见到实物，因此本书从宋代开始记录。

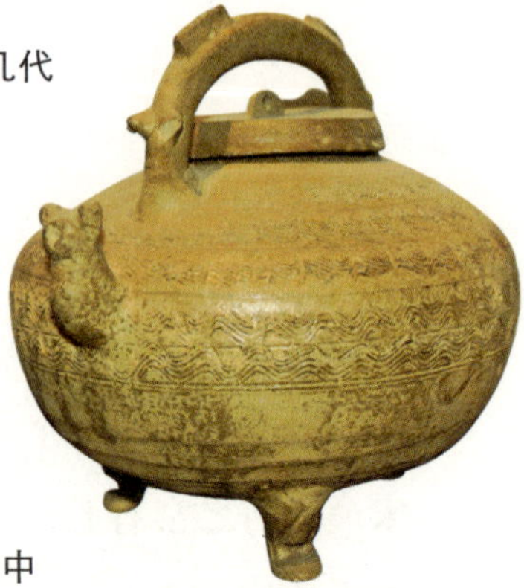

原始瓷盉（战国）

本书从宋代瓷器开始说起，不过中国瓷器的诞生时间远远早于宋代。大约在公元前16世纪的商代，中原的先民在烧陶的过程中，经过不断地摸索和改进，烧制出了原始的瓷器。原始瓷也叫“原始青瓷”，以高岭土为制胎原料，烧成后胎骨细腻坚硬，不再渗水。同时胎色变得更浅，呈现灰白色和淡黄色。作为陶器向瓷器过渡时期的产物，原始瓷比陶器胎质更致密，外观更漂亮，而且经久耐用，便于清洗。东汉时期，在今天的浙江上虞地区，制瓷工艺首先摆脱了原始状态，成熟的瓷器出现了。东汉的青瓷烧制温度达1300℃以上，瓷胎致密、坚硬，釉层富有光泽，流釉现象也得到了很好的控制。

陶之为物，发明最古，自有虞氏已见经籍。此后汉晋瓦器，六朝偶俑，近年筑路出土者，填溢市肆，可见吾华历朝制作之大概焉。若瓷之发明，自晋始见于记载。其后元魏、隋、唐，骎骎渐盛。观陆羽《茶经》所载，则唐时茶具已极精美，可知唐代以越窑著称。陆龟蒙诗云：“九秋风露越窑开，夺得千峰翠色来。”孟郊诗云：“越瓯荷叶空。”顾况《茶赋》云：“越泥如玉之瓯。”诗人屡见诸吟咏，其妙品当可想见。然代远年湮，流传极罕。虽近时出土间有发现，然已在存疑之列，殊难一一考证。清高宗《题鸡缸诗》云：“李唐越器人间无，赵宋官窑晨星看。”清初已如此，今更可知矣。

【解读】

陶器的制作起源很早，从古代典籍的记载来看，在上古的虞舜时期就已经出现了。此后如汉代和晋代时期的瓦器、六朝时期的陶俑，近些年来因为修路而出土的各种器物也都充斥着市面上的古玩店铺，由此也可以大致了解我国历朝历代陶瓷制作的情况。

早在商周时代，黄河流域和长江流域的广大地区就有了原始瓷的使用。原始瓷是在制陶技术的基础上发展而来的窑器，虽与成熟的瓷器相比，胎体没有完全烧结，吸水率和气孔率都还偏高，釉层薄且容易脱落，但较以往的陶器已经有了明显的提高。春秋战国时期，长江中下游地区的原始瓷烧制十分兴盛，优质的原始瓷胎质也更为细腻，大多数器皿已采用轮制成型，器形规整，胎壁厚薄均匀，釉层较厚，釉面光亮，逐渐形成自身风格。到了东汉时期，原始瓷的成型采用快轮拉坯成器身，再黏结器底，后又将刷釉改为浸釉，到了东汉晚期浙江多地都有成熟的青瓷烧制成形。

魏晋六朝时期，制瓷作为一种新兴的手工业在南方得到发展，逐渐摆脱承袭陶器和原始瓷器工艺的传统，具有了自己的特点。在瓷器的发源地江浙一带，由于原料和燃料丰富，出现了许多窑场，这一时期还有了许多白瓷、黑瓷和点彩工艺的出现，但都无法撼动青瓷在瓷器中的主导地位。北魏时期，河南、河北、山东等北方地区也都烧制青瓷，在釉色、器形和工艺上与南方青瓷有许多不同，南方青瓷釉色青翠，北方青瓷釉色泛黄；南方青瓷造型轻巧秀丽，北方青瓷粗犷厚重；南方青瓷含氧化铁多，北方青瓷中掺杂氧化铝和氧化钛成分。北方青瓷的发展导致了白瓷的出现，虽尚不成熟，但为唐代“南青北白”的瓷器烧制格局形成奠定了基础。

唐代在大一统的社会条件下，瓷器工艺发展迅速，器物之精美为前代所不能及。青瓷和白瓷的发展达到一个辉煌时期，后人更将此时的制瓷业归纳为“南青北白”，即南方以生产青瓷为主，北方以生产白釉瓷器为主的瓷器烧制生产格局。除青瓷和白瓷外，唐代还出现了绞胎瓷、花釉瓷和釉下瓷等新品种。

据陆羽《茶经》所载，唐代的茶具已经非常精美了，并且也可以知道唐代时越窑著称于世。越窑是以烧制青瓷为主的窑场，早期生产碗、盘、盘口四系壶、四耳罐、鸡首壶等产品。越窑制瓷始于东汉，经三国、两晋、南朝、唐，一直到宋，延续千余年，青瓷的烧造从未中断。盛唐时期是越窑发展的鼎盛时期，不仅产量

越窑青瓷莲花碗（唐）

居全国之冠，而且造型规整，工艺精湛，胎体细腻坚致，釉层晶莹滋润，代表了当时青瓷烧制的最高水平。唐代诗人陆龟蒙在诗中写道：“九秋风露越窑开，夺得千峰翠色来。”孟郊也曾写道：“越瓯荷叶空。”顾况的《茶赋》中更有“越泥如玉之瓯”，都是赞美越窑青瓷秀雅的诗句。诗人们常常吟咏瓷器，瓷器美妙的品质可想而知。但因为年代久远，实物流传很少，尽管近世出土时有发现，但也已列入存疑之列，更难一一考证。清乾隆皇帝曾在《题鸡缸诗》中写道：“李唐越器人间无，赵宋官窑晨星看。”清初已经如此，至今更可想而知了。

至于彩色之发明，亦颇久远。陆羽《茶经》谓：“瓯，越器青，寿州瓷色黄，洪州瓷色褐。”又谓：“碗，越州为上，其瓷类玉、类冰，青而益茶；邢瓷类银、类雪，白而茶丹。”《杜甫集·韦处乞大邑瓷碗》诗云：“君家白碗胜霜雪，急送茅斋也可怜。”至如吴越钱镠时有所谓秘色者，蜀王建时又有所谓金棱碗者，观于此则唐时已有青色，有黄色，有褐色，有白色，有金色，几于五光十色矣。近人睹宋代均、哥诸器，制作古朴，色亦简单，遂遇形式古朴者，概以宋元赅之。乌知乎唐代制器已力求华美如是哉。

【解读】

寿州窑竹形青釉小执壶（唐）

此节大致概括了颜色釉瓷器的发展。南北朝以至隋唐时期，南方各窑以烧制青瓷为主，在前代的基础上不断创新，形成了以越窑为中心的青瓷体系。而北朝制瓷艺人在烧制青瓷的过程中改进选料工艺，逐渐掌握了对胎釉中铁等金属元素含量的控制技术，烧制出成熟的白瓷。于是形成了“南青北白”的局面。

陆羽的《茶经》上说，茶瓯，越窑的产品色青，寿州窑的色黄，洪州窑的为褐色。瓷碗则以越窑所产为上，此类青瓷似玉似冰，其色泽与茶色十分协调；而邢窑的白瓷似银似雪，茶具白而茶色发红。吴越王钱镠时期曾有一种所谓的“秘色瓷”，前蜀王建时期又有一种“金棱碗”，可见唐代颜色釉瓷器已经有青色、黄色、褐色、白色、金色等，可谓五光十色了。人们看到宋代的钧窑、哥窑瓷器形制古朴，釉色简单，所以外形古朴的瓷器都会被认为是宋元瓷器，哪知唐代的瓷器已经如此力求华美了。

传统颜色釉瓷可分为低温釉与高温釉，其中以高温釉瓷为佳。一般是在1300℃的高温下烧制而成，釉面发色均匀统一，没有杂质。常见的颜色釉有以铁为着色剂的青釉、以铜为着色剂的红釉、以钴为着色剂的蓝釉等。历史上许多朝代都有颜色釉瓷的代表之作，如宋代的青釉和钧红，明代的祭红，清代的郎窑红、乌金釉等。

至于瓷面有花，就余所见，则宋时已极精美。宋瓷花之佚丽者，莫如粉定。粉定雕花者，穷妍极丽，几于鬼斧神工。而哥窑亦有加彩者。若元窑，余亦见有暗花者。余曾见一半瓷半瓦之盘雕凹花加五彩者，其彩与花异常古拙，是否宋以前物，未敢决定。可知瓷之有花，其滥觞为已古矣。至于明代，则各种花绘穷态极妍。《佩文斋书画谱》载明代嘉靖官窑花瓷有五十余种之多，其彩画之诡奇，绘事之伟丽，几于不可方物。所惜者上方贵品，既罕流及人间，而历年既多，残缺不少。重以贾胡辇载，搜及岩穴，遂令朱明遗器粗伪者充寒市廛，精真者珍同拱璧。然间或一遇，亦足考见前代美术之一斑焉。

【解读】

在瓷器表面装饰花纹图案，宋代就已经非常精美了。而宋代瓷器花卉最为妍丽的，非粉定瓷莫属。粉定瓷的雕花极尽华丽，如同鬼斧神工。哥窑瓷器也有加彩的。而元代瓷器，作者也见过带有暗花的。作者回忆说自己见过一件质

五彩梅花洗（明 万历）

地介于瓷器和陶器之间的盘子，雕有凹陷的花纹，还加绘五彩，花纹与彩绘都相当古拙，难以判定其是不是宋代以前的古物。可见瓷器饰以花纹彩绘，其源头已经相当古远了。到了明代，瓷器上的各种花绘繁复华丽到了极点。据《佩文斋书画谱》记载，明代嘉靖官窑的装饰彩绘就有五十余种，彩画奇丽，题材壮阔，无可比拟。可惜其中皇家所用的珍品很少流散到民间，而经过多年，已经残缺不少。再加上外国商贩多番搜购，如今充斥市肆的明代瓷器多为粗劣伪造，而精美的真品如拱璧一样珍贵。偶尔遇到一件，也足以窥见前代美术水平之一斑了。

西哲有言："世愈近则愈进化。"以此原则衡之华瓷，乃大不然。观于宋瓷，汝、均、哥诸器，制作凝重古雅，而瓷质之腴润，釉色之晶莹，历千载而常新。粉定则精丽妍巧，与清乾隆同臻极轨。至于元，则反古拙，有类于土缶硎㼚。明永乐影青一种，迥非康、乾之所能及。明宣祭红，天下称为瑰宝，而天启、崇祯甚至卑无闻焉。康熙花卉人物，似华秋岳、陈老莲。雍正花卉，纯似恽南田，而人物则逊于康熙。至乾隆，研炼瓷质胜于康、雍，而绘画则除古月轩外，稍未之逮。其官窑多作锦地，参入泰西几何画法，虽穷妍极巧，错采镂金，然视康、雍之浑雅高古，雅人视之，殆不如矣。至道光则别开一派，虽属小家法，亦有足观者焉。若夫咸、同，殆卑之无甚高论。而光绪近年仿康、乾诸制，往往逼真，鱼目混珠，识者憎之，然不能不谓其美术之精进也。统观诸朝，或盛或衰，殆无常轨。衡以“世愈近则愈进化”之说，乃迥不相侔。律以“人存政举、人亡政熄”之言，则庶几相近。盖瓷虽小道，而于国运世变亦隐隐相关焉。

【解读】

这一段作者概括地讲到瓷器的历史发展。就瓷器的精美程度而言，元代不及宋代，明末不如明初，清乾隆时期不如康、雍时期，这说明瓷器制造水平并不是越晚近的就越好，而是与国运兴衰密切相关。

西方哲人曾说：“时代越是晚近，世事就越是进步。”以此原则衡量我国的瓷器，其实大不相同。

宋代的汝窑、钧窑、哥窑瓷器造型凝重古雅，瓷质丰腴光润，釉色晶莹，千年之后依然像新的一样。宋代

粉彩云蝠纹瓶（清）

粉定瓷精美妍丽，和清乾隆年间的瓷器一样达到登峰造极的地步。而元代的瓷器反而比较古拙，有点像土罐陶盆。

明永乐年间的影青瓷水平之高，远非清康熙、乾隆年间产品所能及。明代宣德年间的祭红釉瓷，是世间公认的瑰宝，而天启、崇祯年间则没什么值得一提的品种了。

康熙年间彩绘瓷上的花卉人物图案，画法风格近似当时的画家华喦、陈洪绶。雍正年间彩绘瓷上的花卉图案则与花鸟画家恽寿平画风极其相近，但人物图案比康熙年间的要差一些。

乾隆年间，瓷泥经过细磨精炼，瓷质胜过康熙、雍正时期，而绘画除了古月轩瓷之外，都要稍差一些。此时官窑瓷器多为锦地图案，融合西方的透视画法，虽然极尽工巧，错彩镂金，但是比起康、雍时期瓷器的浑朴古雅，在雅士看来还是差得远了。

道光时期的瓷器别具特色，虽然气魄不大，也颇有可取之处。到了咸丰、同治时期，瓷器质量之差简直没什么可提的了。而光绪年以来，有仿康乾时期而制的瓷器，往往非常逼真，可以鱼目混珠，虽受到行家的憎恶鄙视，却不能不承认这一时期工艺美术技巧的精进。

统观宋元明清历代诸朝，瓷器的发展盛衰无常，与"时代越是晚近，世事就越是进步"的说法颇不相符。而以"人存政举、人亡政熄"的古语来衡量倒是十分符合。瓷器虽是小道，与国运和世事之变也隐隐有所相关啊。

宋代制瓷虽研炼极精，莹润无比，而体制端重雅洁，犹有三代鼎彝之遗意焉。粉定妍巧极矣，而花纹源出秦镜，纯白一色，仍极雅净也。至宋末而加彩兴，始稍稍趋于华美。元瓷间有花彩，然大都步宋规模且不及宋制之精，时露古拙气象，大抵蒙古历年既短，故制品稍逊于宋代欤？有明聿兴，制作渐备，润色承平，乃及瓷业。龙凤之文最古，殆沿宋制，由是而花卉、而众兽、而人物，增华饰美，然其时绘事，犹见古朴疏宕之气焉。至清康熙，专以名工制瓷，名手绘画，殆纯入于美术范围，而高穆浑雅之气犹未尽掩。入雍正，则专以佚丽胜矣。至乾隆，则华缛极矣，精巧之至，几于鬼斧神工，而古朴浑厚之致荡然无存。故乾隆一朝为有清极盛时代，亦为一代盛衰之枢纽也。政治、文化如是，瓷业亦然。嘉庆虽犹存典型，然仅虎贲中郎之似。道光画笔，出以轻倩，而物料美盛远逊前朝。咸、同一蹶不振，虽美术退化，亦时势使然也。光绪稍稍复兴，但有形式而乏精神矣。故观于瓷业之盛衰，与历史世代变迁之局成正比例。然由朴以趋华，由简以趋赜，乃必循之轨也。

【解读】

钧窑天蓝釉红斑贴花冲耳三足炉（元）

宋代制瓷，虽然瓷泥的研炼和烧造技术十分高超，制成的瓷器细润晶莹，但是器形比较端正庄重，高洁古雅，仍有夏商周三代青铜鼎彝器的遗风。比如粉定瓷器造型纤巧，而花纹来自秦代铜镜，通体洁白，显得十分素雅。到了宋末，出现了加彩技术，瓷器才开始趋于华美。元代的瓷器偶尔有彩绘，但规模都没有超过宋代，而且不如宋瓷精美，时常露出古拙的样子。明朝建立后，瓷器的烧造逐渐完备，社会稳定也在制瓷业有所反映。龙凤的图案出现时间最早，大都沿袭宋代的样貌。由龙凤到花卉、鸟兽、人物，彩绘图案逐渐变得华美，然而仍旧可以看出古朴的韵味。到了清康熙年间，有技术精良的工匠专事制瓷和绘画，瓷器完全纳入了工艺美术的范畴，而高古、浑厚、典雅之风尚未完全消失。雍正时期，瓷器以艳丽取胜。乾隆年间，瓷器装饰华丽繁缛到达顶峰，极近精巧，鬼斧神工，而古朴浑厚的气质却荡然无存。乾隆年间是清代的极盛时期，也是由盛转衰的时期，不仅在政治、文化方面，在制瓷方面也是如此。嘉庆年间的瓷器虽然还保持着之前的形式，但也只能因循守旧，而鲜有创新。道光年间，瓷器画风轻松曼妙，但原料的精致远远不如前朝。咸丰、同治时期，制瓷业一蹶不振，与当时的国运时势是一致的。光绪年间虽稍有复兴，但已没有内在的精神。由此看来，制瓷业的盛衰与国家的兴衰是息息相关的，而由质朴变为华美，由简约变为繁复，这是必然的趋势。

古瓷尚青，凡绿也、蓝也，皆以青括之。故缥瓷入潘岳之赋，绿瓷纪邹阳之编，陆羽品茶，青碗为上，东坡吟诗，青碗浮香。柴窑则雨过天青，汝窑、哥窑、龙泉、东窑均主青色，此宋以前尚青之明证也。至均窑始尚红色，元瓷于青中每发紫色，至明宣德祭红则为红色之极轨。康熙郎窑递衍递嬗，而豇豆红、胭脂水尤为时代所尚。故青色以后，红色继兴，至于今益盛，足见由朴趋华之显征也。而西人于重红之外兼重黑色，青色则稍稍擯弃。此种心理，不解其由，或者物以希为贵欤？由是言之，青为过去之色，红为极盛之色，而黑为异军特起之色。若夫白色者，则除粉定外，不甚见重于世。殆贵华而贱素，固人情所同耶。

【解读】

古瓷崇尚青色，绿色、蓝色都概括为青色。所以晋代瓯窑的早期青瓷“缥瓷”载入了文学家潘岳的《笙赋》，绿瓷记入了邹阳的《酒赋》。唐代茶学家陆羽品茶时，以青瓷茶碗为上品，宋代文豪苏东坡也吟诗称赞青瓷碗飘出的茶香。柴窑青瓷号称“雨过天青”，汝窑、哥窑、龙泉窑、东窑也都以青瓷为主要产品，这些都是宋代以前青瓷受到推崇的明证。

从钧窑窑变釉出现后，红釉才开始受到重视。元代钧窑瓷器的红色中往往带有紫色。到明代宣德年间，祭红成为红釉的最高典范。清康熙年间经过郎窑的发展，创烧出豇豆红、胭脂水等红釉瓷，尤为当世所崇尚。所以说，青釉以后，红釉兴起，到现在越加繁盛，足可见由简朴走向繁复华美的趋势。而西方人除了推崇红色以外，也很看重黑色，而对青色则稍显不屑。这种心理不太好解释，也许是物以稀为贵的缘故吧。所以对于瓷器，青色是过去的颜色，红色是极盛的颜色，而黑色属于异军突起的颜色。而白色釉瓷，除了粉定之外都不大受重视，也许是人们都以华丽为贵而轻视素淡的缘故。

钧窑红斑碗（元）

这一段从釉色的角度总结了宋代以来瓷器的流行风尚。总体而言，从崇尚青色到爱重红色，是我国瓷器审美历史发展的大趋势，作者认为这是“贵华而贱素”的人之常情。

试以瓷比之诗家，宋代之汝、均、哥、定，则谢宣城、陶彭泽也，淡而弥永，渊渊作金石声，殆去《三百篇》犹未远也。元瓷者，其晋人之古乐府欤？质直而有致，朴拙而不陋。若明瓷，则初唐之四杰也，壮糵华贵，开盛唐之先声，而疏处往往不及来者。至于康熙，殆如李、杜，无美不臻，而波澜老成，纯乎天马行空，不可羁勒矣。若雍正，颇似王龙标、岑嘉州，高华而清贵者也。若乾隆，则似元、白、温、李，极妃青俪白之能事，所谓千人皆爱，雅俗共赏者矣。嘉庆者，有如晚唐之皮、陆，矩矱不失而声价远逊。道光品格较小，而饶有别趣，揆之诗家，其殆宋代之姜尧章欤？若夫光绪，则明之七子也，刻意摹拟古人，其功力亦有独到处，然比之盛唐则不啻上下床之别矣。瓷者，工之美术；诗者，辞之美术，不类而类，亦足资一噱也。

【解读】

如果将瓷器与诗人相比拟，那么宋代的汝窑、钧窑、哥窑、定窑就像晋代诗人谢朓和陶渊明，风格恬淡悠远，似乎有金石之声，与《诗经》的风格相距不远。元代的瓷器，可以比作晋代的乐府诗，质朴直白而有趣味，古朴稚拙但不粗劣。明代的瓷器就像“初唐四杰”，风格雄健超脱而华贵，开盛唐诗歌之先声，但是疏放往往不及后人。清康熙年间的瓷器，与李白、杜甫相当，气势壮阔，功力老到，如同天马行空，无拘无束。而雍正年间的瓷器就像王昌龄、岑参，气质高华，清新可贵。乾隆年间的瓷器，如同晚唐的皮日休和陆龟蒙，虽然不失规矩法度，但是声誉地位已远不如以前。道光年间的瓷器，虽然格局较小，不过也别有趣味，和宋代的姜夔有些相似。至于光绪年间的瓷器，就像明七子，刻意模仿古人，虽然也有独到之处，但和盛唐诗人比起来还是相差悬殊。瓷器展现工艺之美，诗歌体现的是语言之美，二者不在一个范畴，拿来类比，只为博人一笑而已。

我国自古就是诗的国度，诗歌艺术成就极高，历朝历代都有佳作。但是用诗人来说瓷器，可以说是本书作者的独创。作者许之衡身为北京大学国文系教授，不仅对瓷器十分精通，而且对于诗词曲赋颇有研究，所以将瓷器和诗歌两个不同领域的艺术相类比，见解独到，颇有新意。

青花山水图象腿瓶（清）

吾华诸美术，以论书画之书为最多，以其与文人气习近也。若刻印，若范铜，则稍罕矣，而论瓷之书尤寥寥若晨星。盖工艺为自来文人所弗习，而美术又非专家莫解也。明代品瓷作者较夥，屠隆之《考槃余事》、黄一正之《事物绀珠》、张应文之《清秘藏》、谷应泰之《博物要览》，源源本本，勒为专书，后世犹可考见。至项子京《瓷器图说》

则彬彬美备，译有英法各国文字，西人考瓷者皆以是为蓝本焉。有清以来，朱琰之《陶说》、程哲之《窑说》、唐英之《窑器肆考》、蓝浦之《景德镇陶录》亦复有名于时，然多详于远代而略于近也。寂园《陶雅》瞻博极矣，然自谓未尝厘订体例，区别部分，初学者殊有望洋之叹，则美犹有憾也。谫陋如余，敢言述作？然笃志所嗜，研究遂勤，日笔月识，居然成帙。窃慨乎吾华绝业，不绝如缕，生瓷国而不解言瓷，厕工廨而不能知工，吾党之耻也。于是乎本其一得，发为兹编。世多博雅，乌足邀其一哂？然抱残守缺之思，凿险缒幽之想，则固已锲而不舍矣。以新体之悬谈，作考标之自序，跫然足音，似人而喜，或者其许我乎？

【解读】

在第一章的最后一节，作者自述了写作此书的缘由。他总结道，我国历代工艺美术的理论著作中，以论书画的为最多，因为文人多习书画。但论制作印章、铸造铜器之类的书就少了，而专论瓷器的书更是寥寥无几，这是因为文人素来对工艺方面没有研习，而这些工艺美术又非专家不能理解。作者列举了明清时期一些影响较大的论瓷

清代蓝浦《景德镇陶录》书影

专著，虽然这些著作闻名一时，不过有的对古代瓷器讲述详细而较少论及近代，还有的内容虽然丰富，但体例未曾整合，不利于初学者研读。作者认为，生在陶瓷的国度而不懂瓷器，是一种耻辱，所以他以自己多年研究的成果与心得著成此书，希望得遇知音。

说窑第二

“柴、汝、官、哥、定”一语为瓷学家之恒言，皆宋窑名也。兹编断自宋始，则五窑不可以不详。其余有名各窑亦当递述也。说之如下：

柴窑　在河南郑州，即柴世宗所创也。相传当日请器式，世宗批其状曰：“雨过天青云破处，者般颜色作将来。”二语可以想见。《陶录》谓其“青如天、明如镜、薄如纸、声如磬”。然“薄如纸”一语乃指釉汁言，非指瓷胎言也。“青如天”一语亦不尽然。柴窑固以天青为主色，但据《博物要览》则尚有虾青、豆青、豆绿等色，不止天青一色也。釉中有细文开片，见于豆绿色者较多。无釉之处悉呈黄土色，然滋润细媚，为古来诸窑之冠。在明代已不易见，近筑路掘出陶器颇多，间有类此者，尝于某公座上见之，或者天壤奇宝不肯终秘人间耶？

【解读】

全书从此章开始分门别类地讲解瓷器之学的各方面内容，本章说烧制瓷器的窑口。作者提到，本书自宋代开始断代，所以说窑也从宋代名窑说起。

首先讲到的是河南郑州的柴窑，始创于后周世宗显德初年（954），是专为皇室烧制瓷器的御窑。周世宗为柴窑瓷写下“雨过天青云破处，者般颜色作将来”两句。据此推断，柴窑瓷应为青瓷。关于柴窑最早的文字记载见于明初曹昭的《格古要论》：“柴窑出北地……天青色，滋润细腻，有细纹，多是粗黄土足，近世少见。”记述了柴窑的产地、名称、由来及瓷器的主要特征。稍后的《宣德鼎彝谱》中列出古窑器二十九种，柴窑被列为“诸窑之首”。作者写道，柴窑瓷器釉色以天青色为主，其余还有虾青、豆青、豆绿等色；而其无釉的地方呈土黄色。由于柴窑烧制时间不到 6 年，窑址无存，又无传世的整件实物，明代中晚期时围绕着柴窑发生了许多争论，甚至有人质疑柴窑的存在。作者回忆自己曾在某公的府上见到过出土不久的柴窑瓷器，称柴窑瓷器是天地间的奇珍异宝，所以不能永远秘藏在人间。

汝窑　　在河南汝州，北宋时所创设也。土细润如铜，体有厚薄，汁水莹润，厚若堆脂。有铜骨无纹者，有铜骨鱼子纹者，有棕眼隐若蟹爪文者尤佳。豆青、虾青之色居多，亦有天青、茶末等色。

无釉之处所呈之色类乎羊肝。底有芝麻花细小挣钉，乃真物也。其色纯静深穆。余前云“俨有三代鼎彝气象”者，即感于此而言。

【解读】

汝窑青釉洗（北宋）

汝窑也是宋代的五大名窑之一，窑址在今天河南省宝丰、临汝等地，由于宋时均属汝州，故名“汝窑”。从北宋初年创烧，历经宋、元后停烧，以烧青瓷为主。北宋晚期，皇室青睐汝窑瓷独特的釉色，在汝州设御窑厂，专门为宫廷烧制御用瓷器，开始了汝官瓷的生产。作者提到，汝瓷窑器胎质细腻，胎色如铜，胎体有薄有厚，釉层莹润，厚如堆积的脂肪。

汝窑的瓷釉基本色调是一种俗称“鸭蛋壳青”的天青色，有的略深，有的略浅，没有明显差异，后人由于对汝窑瓷的喜爱将其细分成粉青、天蓝、豆青、卵青、虾青等各色。世称天青为贵，粉青为尚，天蓝弥足珍贵，其中粉青、豆青后世多有仿烧。

汝窑瓷的装饰主要是釉面的开片。开片最早是器物于高温焙烧下产生的一种釉表缺陷，行话叫“崩釉”。汝窑的工匠们对这种釉病加以利用，完美地创造了开片这一自然美妙的装饰。釉面开片较细密，多呈斜裂开片，深浅相互交织叠错，透明无色似冰裂，俗称“蟹爪纹”。

宋代各地瓷窑普遍采用支钉支烧的方法，而汝窑采用的支钉支烧与诸窑不同，其所用支钉以耐高温的优质瓷土制成，格外小而尖，因此留在器物上的支痕细如芝麻，即所谓“芝麻花细小挣钉”。

汝窑存在的时间很短，其烧制时间大约只限于宋哲宗到宋徽宗的约 20 年间，再加上官窑的生产受到许多限制，因而汝窑产量有限，传世品稀少，到南宋时已很难得，现存之作更不足百件，极为珍贵。

官窑　宋大观、政和间在汴京所造。体薄色青，有带粉红色者，浓淡不一，有色带白而釉薄如纸者。大观中，尚月白、粉青、大绿三种。有蟹爪文、紫口铁足，盖其胎本紫色也。然宋官窑有数种，南渡后，邵成章于修内司烧造曰“内窑”，亦名官窑。其后郊坛下别立新窑，亦曰官窑，是宋时已有旧京、修内司、郊坛下三种。唐氏秉钧谓：“旧京著时未久，当以修内司所造为上，新窑为下。”当时已分差等矣。南宋余姚秘色瓷，后人亦目之为官瓷，大抵皆仿汴京遗制，递衍递嬗也。

【解读】

郊坛下官窑青釉双耳炉（南宋）

文献记载，宋徽宗于政和年间在京师汴梁（今河南开封）设窑烧造青瓷，即北宋官窑，其窑址迄今尚未发现。北宋灭亡，宋室南迁后，制瓷技术也被带到南方。南宋朝廷在杭州的凤凰山下设窑，名“修内司窑”，也称“内窑”；后又在今杭州市南郊的乌龟山别立新窑，即郊坛下官窑，二者统称为南宋官窑。

宋官窑所烧瓷器也是青瓷，其工艺甚为讲究。北宋官窑瓷器的瓷胎为紫黑色，釉层很厚，给人以细腻凝润之感，色泽上属于与汝窑制品相接近的粉青和天青色。南宋官窑瓷器胎体呈黑灰、深灰、紫灰等深色，故有“黑胎”之称，胎质坚致细密。

宋官窑烧制时，因含铁高而呈黑灰的胎质上釉后，口部及凸棱部位釉向下流，因而造成口棱部釉薄而显现胎色，形成“紫口”，露胎的圈足部分形成“铁足”。将此法始施于仿三代青铜器的瓷器制作上，增添了高古风韵。

宋官窑釉色装饰也很有特点，除烧出天青、粉青、米黄、油灰等多种单色釉外，还利用胎和釉受热膨胀系数不同、釉面发生裂纹开片的现象，通过控制开片的大小和疏密来进行装饰。

哥窑　宋处州龙泉县人章氏兄弟均善治瓷业，兄名生一，当时别其名曰哥窑。其胎质细，性坚，其体重，多断纹，隐裂如鱼子，亦有大小碎块文，即开片也。釉以米色、豆绿二种居多，有紫口铁足。无釉之处所呈之色，其红如瓦屑。其釉极厚润纯粹，历千年而莹泽如新。元末明初暨清唐英屡有仿制，然远不逮宋制之精矣。但近年以来，不甚为时人所重，因之价值稍贬。

【解读】

哥窑贯耳瓶（南宋）

据历史传说，宋时浙江的处州龙泉县有章生一、章生二兄弟都擅长制瓷。他们二人各建一窑，哥哥建的窑称为“哥窑”，弟弟建的窑称为“弟窑”，也称“章窑”、“龙泉窑”。哥窑被列入宋代名窑的记载，最早见于明代宣德时期的《宣德鼎彝谱》。书中将哥窑排在五大名窑之三，可见哥窑在当时已为人们所知。

传世哥窑瓷器胎体坚密，胎质有瓷胎与砂胎之分，敲击时发出近似破瓷的“噗噗”声，胎色有黑、深灰、浅灰、土黄等几种颜色。哥窑瓷器釉色朴素无华，是代表宋代士大夫阶层审美情趣的装饰釉。此釉属于无光釉，釉层凝厚，为失透的薄乳浊状。釉色上有粉青、油灰、灰青、米黄、奶白、月白等色。哥窑瓷器釉面普遍存在开片现象，开片细小如鱼子的叫“鱼子纹”，呈弧形的叫“蟹爪纹”，开片大小相同的叫“百圾碎”。按其形状划分有梅花纹、网状纹、细碎纹等多种。宋代窑工利用开片，创造了一种天然柔和之美。

哥窑瓷胎内含有大量可溶性盐类金属，烧制时从开片、口足渗出，形成“金丝铁线”和“紫口铁足”的特殊效果。其中釉面有气泡的被称为“聚珠攒球”，有锈斑的被称为“葡萄斑”。由于官窑和哥窑都有“金丝铁线”和“紫口铁足”的现象，两者很难区分，故有“官、哥不分家”的说法。

作者还提到，元末明初以及清代唐英任督陶官时期的景德镇官窑多有仿哥釉的瓷器，主要仿制宋代哥窑瓷的釉色、釉质和开片纹，不过远不如宋代制品精美。其中，以明成化、清雍正、清乾隆各窑的仿哥瓷水平较高，尤其是清雍正仿哥釉既有标准的大、小纹片相结合的所谓“金丝铁线”，也有单纯的细小纹片或大纹片，色泽以深、浅灰青为多，部分有“紫口铁足”，十分精致。

定窑　在直隶定州，所造者名曰“北定”，宋初所建设也。南渡后在景德镇制者名曰“南定”，以其釉似粉，故通称曰“粉定”。

北定，其质极薄，其体极轻，有光素、凸花、划花、印花、暗花诸种，大抵有花者多，无花者少。花多作牡丹、萱草、飞凤、盘螭等形，源出秦镜，其妍细处几疑非人间所有，乃古瓷中最精丽之品也。开片者，其开片皆系柳文，白骨而加以釉水，有如泪痕者，亦为佳品。口底率漏胎，故其口往往有以铜镶之者。

南定之胎质极细，色极白，其釉亦系白玻璃釉，惟澄清之处略闪豆绿色耳。釉中有鼓花者，有不鼓花者，其形式与北定相同，而胎釉微有小异。

凡粉定之真者，其釉光而且润，与旧象牙同。釉中多有柳文开片，与伪造之开片不同。伪者之釉或太混，或太干，或太透亮，或太暗淡，万难如旧者之润亮也。粉定种类不一，胎有厚薄，色以闪红者为贵，闪黄者次之，闪黄即牙色也。有开片，有不开片。明代成化仿者亦佳，乾隆以后遂无仿之者矣。

【解读】

定窑的窑址在河北省曲阳县涧磁村和燕山村附近，曲阳宋时属定州，故名“定窑”。经过唐、五代的发展，定窑到北宋时达到鼎盛。作者提到，北宋初年在定州制造的定窑瓷器称为“北定”，南宋时期在景德镇制造的瓷器称为“南定”，因其釉色粉白，又通称“粉定”。

定窑白瓷代表了宋代白瓷的最高水平。北宋初期，定窑烧制民用瓷器，产品曾风靡一时。北宋中期因造型工整素雅，胎质洁白坚细，釉色淡雅润泽，纹饰丰富多彩，定窑白瓷一度被选为宫廷用瓷，身价大增。

定窑白釉提梁壶（北宋）

定窑白瓷采用当地富含氧化铝的瓷土制坯，加工细致，制成的器物胎体轻薄，胎质洁白坚硬。文中说，北定瓷器除了光素器外还有凸花、划花、印花、暗花等装饰，大体上有花的多，无花的少。花纹图案有牡丹、萱草、飞凤、盘螭等，出自秦代铜镜，非常细腻精美。

从传世器来看，定窑白瓷的装饰方法主要有刻花、印花和划花几种。其中，刻花线条粗犷有力，变化丰富。划花是以用梳栉状的工具在瓷面划出“竹丝刷纹”，表现水波的起伏和叶脉的反转卷伸，生动逼真。印花是用刻有花纹的陶模在瓷坯未干时印出花纹，构图严谨，布局分明，线条密而不乱，非常精美。定窑白瓷釉面普遍存在泪痕，这是因为在瓷器烧成过程中，高温使器表的釉浆流淌，降温时釉浆瞬间停止流动而凝结所致，痕迹的色泽较整体釉色更为明显。定窑瓷器的烧制首创覆烧工艺，即在一个匣钵内利用多层垫圈，可多放数件器物，不仅可以提高产量，而且能防止烧制过程中发生变形现象。由于采用覆烧工艺，定窑碗盘的口沿往往有无釉的芒口及垂釉现象，所以匠人在其口部镶上金、银或铜口，后人称之为“金装定器”。

南定瓷器的胎质极其细腻，釉色极白，釉质也是白玻璃釉，澄清的地方稍闪现豆绿色，器形样式与北定相同，只是胎釉略有差别。

作者强调，粉定瓷器的真品，釉色光润，类似旧象牙的颜色。而伪造的定窑瓷器的釉色要么太浑浊，要么太干涩，要么太透亮，要么太暗淡，万难和旧物一样温润光亮。

章龙泉窑　宋龙泉人章生二所陶器名曰“章龙泉窑”，又名“弟窑”，前所述章生一之哥窑即其兄也。章瓷与哥别者，哥有纹，弟无纹，以是为特异之点。有粉青色、翠青色，深浅不一，足亦铁色。龙泉不自章始，古龙泉不易见，章所仿制大致同古而较精致耳。今人但称章制为龙泉，古制已为所掩矣。

明仿龙泉与宋无甚大异，惟其色略淡，其釉略薄耳。清唐英在景德镇所仿釉乃迥乎不同，大抵豆绿色有暗花者即唐英所仿也。

龙泉豆绿者与汝窑大致相同，往往易于相混，今为析之：汝胎粗而略糠，龙泉坚而且细；汝釉薄而清，龙泉釉厚而混；汝无釉之处色如羊肝，龙泉无釉之处色如瓦屑；汝釉上有光，透脱如料，龙泉釉上无光，滋润若玉；汝多有鱼子文，少有蟹爪文，龙泉间有蟹爪文，绝无鱼子文。其相异之点在此。

【解读】

章龙泉窑就是前文“哥窑”创始人章生一的弟弟所创的瓷窑，又名“弟窑”。作者提到，龙泉窑实际上并非始自章氏，而是古已有之。只不过宋代之前的古龙泉窑瓷器很难见到，章氏仿古而制的瓷器与古器相似而更为精致，所以后人将章氏所制称为“龙泉”。这一点作者说的是正确的，龙泉窑开创于三国两晋时期，结束于清代，生产瓷器的历史长达1600多年，是中国制瓷历史最长的一个瓷窑系，影响十分深远。

龙泉釉执壶（明）

北宋时龙泉窑继承越窑、瓯窑和婺州窑的传统，综合附近窑场的制瓷技术与经验，烧造釉色纯正的青瓷，并逐渐取代越窑成为江南第一名窑。南宋时期，北方的汝窑、定窑等名窑的制瓷技术传入南方，这时的龙泉窑结合南技北艺，使其制瓷工艺迅速走向成熟，风格更加明显，创造出两种独具特色的石灰碱釉——粉青和梅子青。这两种纯净的青釉被誉为宋朝民窑巨擘，是我国青瓷工艺的最高成就之一。

明中期以后龙泉窑制瓷业开始有所衰退，到清代逐渐步入尾声。而景德镇窑从明初开始仿烧龙泉青瓷，称为“龙泉釉”，是景德镇窑青釉中颜色最深的品种。作者认为明代仿制的龙泉釉瓷与宋代区别不大，只是釉色稍浅，釉层稍薄。而清代督陶官唐英在景德镇窑烧制的仿龙泉釉瓷则有很大不同。实际上，唐英时期仿烧的龙泉釉瓷技术日益精进，质量已超越前代真正的龙泉窑产品，其特点是釉厚而色深，晶莹饱满。

文中着重分析了豆绿色龙泉窑瓷与汝窑瓷的区别。汝窑瓷胎质粗糙，龙泉窑瓷则坚硬细腻；汝窑器釉薄而清，龙泉窑器釉厚而浑浊；汝窑器无釉处色如羊肝，龙泉窑器无釉处色如瓦屑；汝釉上有光，晶莹透彻，龙泉釉没有光泽，滋润如玉；汝窑器表面多有鱼子纹开片，少有蟹爪纹开片，而龙泉窑器偶尔有蟹爪纹开片，而绝无鱼子纹开片。

均窑　　宋初禹州所造。禹州昔号钧台，“钧”讹作“均”，相沿已久。胎质细，性坚，其体略重。釉具五色，浑厚浓润，有兔丝文。红若胭脂、朱砂者为最，青若葱翠、紫若墨者次之。初制者色纯无少变杂，后制有青紫相错如垂涎者，皆烧不足之故，而世人往往尊视此种。犹之佳砚本不宜有鸲鹆眼，而人反以鸲鹆眼为贵也。其釉分为两种，一曰细平釉，一曰橘皮釉。橘皮釉亦属后起者，故兼有紫斑者居多，平釉有紫斑者绝少也。

均窑之底有一、二、三、四等数目字为识，或谓红色等器以一、三、五、七等单数为识，青色等器以二、四、六、八等双数为识，此说乃不尽然，惟六角花盆必如是耳，余器则不拘此例。均釉厚而且润，若蜡泪之成堆。惟纯色者混而且匀，釉中多有蟹爪文，无釉之处呈羊肝色或芝麻酱色，乃真物也。伪者釉薄而不匀，其色非偏于蓝则偏于灰，与纯正天蓝色迥异，无釉漏胎之处亦不能呈羊肝色，纵有之亦是先抹后烧者也。

均窑与元瓷辄易相混，然实大有别也。均釉厚而匀，元瓷釉厚而垂；均之胎釉皆细，元瓷之胎釉皆粗；均之釉无论深浅浓淡皆混然一律，元瓷之釉浓处有时或起条文，浅处有时仍见水浪。

均窑之天青色者，肆人呼为月白，盖仿柴之雨过天青也。紫釉而无蚯蚓走泥纹者，殆不如月白而能莹润。然人恒往往重紫而轻月白，所谓痼习者非耶？

【解读】

钧窑天蓝釉红斑三足小炉（元）

文中说钧窑始于宋初，实际上，钧窑最初创始于唐代，而兴盛于两宋时期。其中心窑址在今河南禹县八卦洞、钧台及神镇等处。后人多称为“均窑”，实为“钧窑”之误。

作者讲到，钧窑瓷器胎质细密，质地坚硬，胎体较重。其釉色有五种颜色，厚重浓润，具有兔丝纹。钧窑瓷本属青瓷系统，由于釉料有磷酸和还原铁结合，其釉曾与一般青瓷不同而呈现乳浊状。釉料中的铜元素经过还原焰的烧制，更是打破青釉单一的色调，而且不只“五色”，如蓝色较淡的称“天青”，较深的称“天蓝”，比天青更淡的称“月白”，此外还有玫瑰紫、海棠红、灰青、灰蓝、墨绿、正红、茄皮紫等色。这种颜色上的变化称为“窑变”。窑变本就是偶然形成的，虽然工匠们经过不断的经验积累对其有了初步的认识，但在烧制钧瓷的过程中，其釉色的变化仍难以准确掌控，即便是同样的配方，色釉的厚薄、窑位的放置、温度的高低稍有差别，烧成的制品便有天壤之别，很难出现两件一模一样的钧瓷产品。因此，钧瓷被称作“钧无双”。

钧窑瓷器底部有一、二、三、四等数字作为标记，有人认为红色器物用一、三、五、七等单数，青色器物就用二、四、六、八等双数，其实也不全然正确。只有钧瓷的六角花盆才适用这一规律，其他器形不限此例。钧瓷的釉质肥厚，煅烧时釉面翻动，釉中所含的金属成分轻者浮于表面，重者沉在釉底，冷却时釉面上下温度不一致，从而留下收缩的不规则裂痕，被称作“蚯蚓走泥纹”，是宋钧瓷器的特征之一。釉面上还有出现牛毛纹的，个别釉面有开鱼子和棕眼状的开片。此外，宋钧窑瓷底足有釉，釉色为芝麻酱色，也为宋钧瓷器的特征之一。

钧瓷在元代发展得很快。与宋代钧瓷相比，元代钧瓷胎质粗松，釉层厚而多有垂釉现象，釉面多棕眼，光泽较差。其釉厚的地方有时有凸起的条纹，釉薄的地方可见水浪现象。

耀窑　在西安耀州，亦宋时所建。初烧青器，仿汝而略逊，后烧白器较佳。初制者其釉透亮如玻璃，其色微黄，略似虾青色。后制者其釉略混，其色甚白，有似牛乳之白，有似粉油之白，有似熟菱米之白不等。

耀窑有一种细胎细釉者，胎极薄而带有暗花，釉极细而带有开片，不知者往往以定呼之，其实非也。盖其胎虽薄而仍比定略厚，其釉虽细而仍比定略粗，其色虽白而仍比定略闪黄也。而暗花、开片亦与定微有不同。

【解读】

耀窑的窑址在今陕西省铜川市黄堡镇一带，因此地古属耀州而得名，又名“铜川窑”。文中说耀窑是宋代所建，其实始于唐代。唐末、五代时期，耀窑受南方越窑的影响，逐渐以烧制青瓷为主，瓷器质量也日趋精美。到了宋代，耀窑形成以刻花和印花青瓷为主的瓷器风格，一度为皇室烧制瓷器，成为北方青瓷最具代表性的窑场。

耀州窑青釉刻花花口尊（宋）

文中提到，耀窑的早期制品釉质透亮，如同玻璃，色泽微黄，有点像虾青。后期制品则釉质稍有浑浊，颜色很白，有像牛奶的白，有像粉油的白，有像熟菱米的白，多有不同。耀窑还有一种细胎细釉的产品，胎体很薄而带有暗纹，釉质细腻而有开片，不懂的人往往误认为是定窑瓷器。其实它比定窑胎体还要厚一点，釉质也要粗一些，釉色也比定窑稍黄，暗纹与开片也略有不同。

宋代耀州窑瓷器的装饰非常丰富，有划花、剔花、刻花、印花、镂空等多种手段。北宋早、中期以刻花为主，辅以划花、剔花等手法；北宋晚期刻花、印花并用较多，而以刻花为主。与刻花相比，新的印花工艺在纹样种类、构图方式等方面均有长足的发展。

磁窑　出磁州昔属河南，今属直隶，宋时所建。“磁石引针”之磁石即产是州，取石炼陶，磁器之名乃专指此，令人辄误以“磁”与“瓷”混用矣。器有白釉，有黑釉，有白釉黑花不等，大率仿定居多，但无泪痕。亦有划花、凸花者。白釉者俨同牛乳色，黑釉中多有铁锈花、黑花之色，与贴残之膏药无异。

【解读】

磁窑也称“磁州窑”，是宋元时期北方最大的民窑，窑址在今河北省邯郸的观台镇和彭城镇一带。磁窑生产瓷器品种繁多，文中提到的有白釉、黑釉、白釉黑花等。

磁窑瓷器的胎体颗粒较粗糙，不够坚致，胎色多为灰白色、褐色，大量使用化妆土来提高质量。磁窑瓷器最大的特征是白釉釉下黑花，工艺过程是先在坯体上敷上一层白色化妆土，再用黑彩料绘制纹饰，然后用尖状工具在黑彩纹样上勾划一些轮廓线、花瓣叶脉等，划掉黑彩，露出白色化妆土线条，最后上白色透明釉，入窑高温烧成。

磁州窑白地黑花山水图枕（元）

磁窑的装饰纹样多取材于人物故事、民间传说，风格以写实为主，包括枝叶并茂的折枝花、流畅自如的卷草纹和灵活跳跃的虫鱼鸟兽等，纹样简练夸张，活泼生动，具有民俗趣味，在民间广受欢迎。

郎窑　近人最重视之品厥惟郎窑，然所称实有误。盖通称"郎窑"者大抵乃明祭红之宝石釉者也，不必纯为郎制。郎为郎廷极，康熙朝监督瓷业之官，而肆人误为郎世宁。世宁，意国人，善画，雍、乾间供奉内廷，未尝监督造瓷。郎廷极官至江西巡抚，其制瓷之事实频见于蓝浦《陶录》、阮葵生《茶余客话》各书中，则必为廷极而非世宁也，明矣。此种制品以深红宝石釉为主体，肇于明代宣、万，仿于清初。今之所谓"郎窑"者，实混明清而一之，然沿误已成习惯，余亦从众也云耳。

今俗所分别者，凡深红宝石釉之品概呼郎窑。红色玻璃釉、橘皮釉之品，概呼积红。积红有款识，郎窑无款识云。

郎窑有先后所制之分，凡里外皆有开片，而底足有灯草旋文，其色深红如初凝之牛血，此先制者也。若后制，则微有不同。先制者，口底微黄，所谓米汤底者是也。后制者口底或作豆青色、或作苹果青，所谓苹果底者也。先制者釉色深红，后制者釉色鲜红，惟釉尚透亮，不似窑变之肉耳。又有所谓绿郎窑者，其色深绿，葱茜可爱，满身细碎纹片，实则明仿弟窑之品也，雍、乾时代亦有仿者。

【解读】

郎窑红是清康熙时景德镇窑仿明宣德时的宝石红釉烧制而成的一种红釉，因康熙时郎廷极督理景德镇窑务时仿烧成功，故以其姓氏命名“郎窑红”，又称“郎红”。在中国陶瓷史上，以工匠或督陶官的姓氏命名瓷釉的，郎窑红釉是唯一的一个。

文中说，一般瓷器商人通称的“郎窑瓷”，其实乃是明代祭红釉，并非都是郎窑所制。而且还有瓷商误会郎窑是雍正、乾隆时代供奉内廷的宫廷画家郎世宁所督造。其实郎世宁是意大利人，从未督造过瓷器。真正的“郎”应是指郎廷极，他在雍正、康熙年间任江西巡抚，监督景德镇官窑瓷器的烧造，这在《陶录》《茶余客话》等笔记书中俱有记录。而一般所说的“郎窑”其实是混淆了二人，以讹传讹，相沿成习了。

郎窑红观音瓶（清 康熙）

郎窑红釉在1300℃左右的高温还原焰中烧成，是一种明亮鲜艳的深红色釉。它的外观特征非常明显：釉色鲜红，犹如初凝的牛血，釉层清澈透亮，有强烈的玻璃光泽，局部处有雾气般的朦胧现象。由于釉的流动性大，口沿部位的釉汁向下垂流，造成瓶口釉层薄，色泽浅淡，呈一环不规整的淡青转浅红色的露白，即所谓“灯草边”，也称“脱口”。器底近足处积有一周不过足的垂釉，呈黑褐色。郎窑红器身的釉面还开有纵向长、横向短的交错纹片，细长如牛毛且紧贴胎体，侧视时并不明显。釉内的气泡极其细小而疏朗，釉汁中有肉眼可见的小白点，有些小白点还拖有垂直的丝条状长尾。底足内所施的白釉莹亮泛青，内墙角釉厚处泛青绿色，俗称“苹果青底”或“淡苹果青釉”。器内部白釉坚致，色泽呈炒米黄，且开有蝉翼般的无色细碎纹，称为“米汤釉”。

郎窑还有一种郎窑绿釉，其釉层薄而均匀，釉色呈稳定的翠绿色，鲜明艳丽，釉面上有较强的玻璃光泽，十分葱翠可爱。

说胎釉第三

欲识瓷之美恶，必先辨胎。胎有数种，有瓷胎，有浆胎，有缸胎，有石胎，有铁胎。瓷胎者，辗石为粉，研之使细，以成胚胎者也。凡普通之瓷器均属之。浆胎者，撷瓷粉之精液，澄之使清，融成泥浆以成胚胎。凡极轻而薄之器属之。缸胎亦名瓦胎，谓胎质粗如瓦器也，凡凝重粗厚之器属之。石胎，非真石也，质凝重而坚，略似大理石琢成之器物焉。康熙有石胎三彩是已。铁胎非真铁也，瓷质近黑，有如铁色，其胎之厚薄轻重亦不一致也。

【解读】

上一章讲完了瓷器烧造的窑口，这一章讲的是瓷器的胎釉。瓷器的构成不过“胎”和“釉”两部分而已，胎如骨肉，釉如皮肤。此段文字讲的是瓷胎的种类。

文中说，想要辨别瓷器的美丑，先要辨识瓷器的胎质，包括瓷胎、浆胎、缸胎、石胎、铁胎数种。瓷胎，就是将瓷石碾磨成细粉后制成瓷胚，一般普通瓷器用的都是瓷胎。浆胎，是撷取瓷粉精华的部分，反复澄清后，加水和成泥浆做成的瓷胎。胎体非常轻薄的瓷器一般用的就是浆胎。缸胎又名“瓦胎”，其胎质像瓦一样粗糙。大凡厚重粗疏的瓷器用的就是缸胎。石胎并非真正的石头，而是胎质凝重坚硬，有点像用大理石雕琢而成的器物。清康熙年间有所谓石胎三彩，就属此列。铁胎，也并非真铁，而是其胎质接近黑色，就像生铁的颜色，胎体的薄厚轻重也不一致。

瓷器有纹者，谓之开片，有大开片、有小开片。小片之细碎者曰鱼子纹，大片之稀疏者曰牛毛纹、曰柳叶纹、曰蟹爪纹，不外形容其所似也。

瓷之开片，其原因有二：一曰人为之开片，一曰自然之开片。人为之开片多属浆胎。当入窑烧时，已定使之开片，或开大，或开小，配合药料烧之，则出窑时成开片形，一如人意之所欲出。是等开片，形似龟坼，开在胚胎者也。自然之开片，则历年既久，其釉渐渐内裂，或成鱼子，或成牛毛诸形，其坼也，纯与胚胎无涉。是等开片，痕不深入，开在釉汁者也。

牛毛纹微黄色，鱼子亦然。凡年久自然开片者，其釉似坼而未坼，在若隐若现之间。若人为开片者，则轩豁呈露矣。人为开片，始于宋代哥窑，其后因递仿之。

【解读】

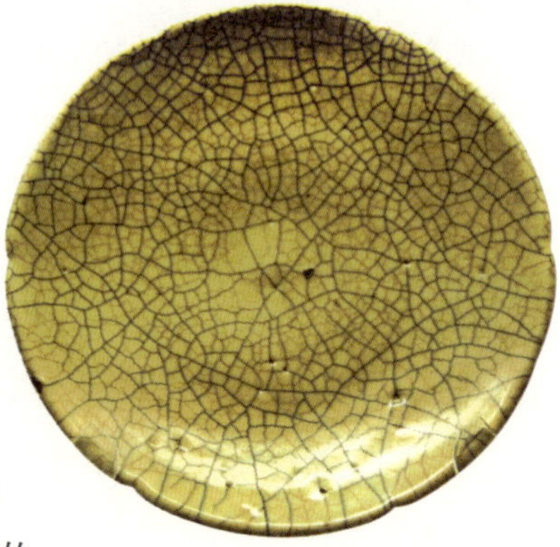

哥窑葵口盘（南宋）

这几段文字讲解了瓷器釉面开片的形成。开片的基本原因是瓷胎与釉层膨胀系数不同，焙烧后冷却时釉层收缩率大，导致开裂。这原是瓷器烧制中的一个缺点，但古代瓷工们掌握了釉面开裂的规律，使之成为瓷器的一种特殊装饰。

作者提到，开片有大小之分，细碎的小开片称为“鱼子纹”，稀疏的大开片称“牛毛纹”“柳叶纹”或“蟹爪纹”。开片的形成原因有人为造成和自然形成两类。人为的开片多见于浆胎瓷器，在入窑烧制时就已经设计好瓷器的开片，或开大片，或开小片，以特定的泥釉配方来配合，出窑时就会形成预想的开片效果。这样的开片形似龟裂，发生在瓷胎上。而自然形成的开片是由于年代久远，瓷釉从内部逐渐开裂，呈现鱼子或牛毛等形状，与瓷胎并无关系。这样的开片因为开裂在釉层，所以裂痕不深。

牛毛纹开片略带黄色，鱼子纹开片也是如此，凡是年代久而自然形成的开片，其釉层似裂非裂，若隐若现。而人为的开片则十分明显。人为开片的工艺始自宋代哥窑，后世相继仿制。

宋代哥窑瓷釉质莹润，通体釉面被粗深或者细浅的纹线交织切割，术语叫作“冰裂纹”。其中大片纹线呈深黑色，为“铁线”，小片纹线呈褐黄色，称“金丝”，合称“金丝铁线”。经研究，哥窑瓷器的金丝铁线，是人工造成开片后又经染色工序而形成。纹片中的粗纹浸染为黑褐色，而细纹吃色较少而成为浅淡的黄色，粗细、浓淡不一的纹线交织在一起，装饰效果更加鲜明。

脱胎一种，其薄类于鸡卵之壳，故又谓卵幕，纯乎见有釉不见有胎者也。映日光照之，表里能见手影，有花者于其里照见外之花纹，有款者于其表照见内之款字。此等制器始于永乐，仿于康、雍，乾隆以后遂不能仿。盖夺造化之天工，极制作之能事矣。

脱胎之制，始于明代永乐、宣德，亦精制器。有名者为昊十九，紫桃轩极称之。其薄者能映见手指之螺纹，真绝品也。康、雍所仿虽亦极薄，然多能映见花与字耳。至道光，瓷尚薄胎，亦有类脱胎之制，识者辨其色泽而知之。

【解读】

这两段文字讲的都是脱胎瓷器，因此放在一处对照解读。

脱胎瓷器就像鸡蛋壳一样薄，又称“卵幕”，甚至能只见釉层而不见胎骨。对着阳光照看，从外边里边都能看到手的影子，有花纹的从里面能照见外面的花纹，有款识的从外边能照见内部的款识。这类瓷器始烧于明永乐年间，清康熙、雍正年间有仿制，乾隆以后就不能仿制了。作者在最后称赞脱胎瓷器巧夺天工，达到了登峰造极的地步。

根据研究，脱胎瓷学名叫“薄胎瓷”，为江西景德镇久负盛名的特种瓷器产品，是在北宋时景德镇窑的青白瓷基础上发展而来的。明隆庆、万历年间（1567—1620），景德镇的制瓷名家昊十九，自号“壶隐老人”，所制最薄的器物对光能够看到手指上的螺纹，堪称绝品。还有记载说他烧制的卵幕杯一枚才重半铢（约合 1.1 克），可见其工艺之高超。薄胎瓷的制作从配料、拉坯、利坯（修坯）、上釉到绘画、烧制，须经四十多道工序，其中以利坯一步最为重要和精细，需要经过百次的修琢，将胎体厚度修至 1 毫米以内。产品器形有碗、杯、盘、碟、灯、花瓶、酒具等。

粉彩开光花鸟纹薄胎皮灯
（图片提供：FOTOE）

制瓷上釉有二法：一曰蘸釉，以皿入缸，荡匀其汁。蘸釉者，其釉厚，故均、哥诸器往往有若堆脂，所蘸不止一次也。一曰吹釉，截竹为筒，嘘气匀之。吹釉者，其釉薄，故旧瓷中有玻璃釉等名目，而薄者甚至有如卵膜也。

【解读】

此段提到瓷器上釉的方法，包括蘸釉和吹釉。蘸釉也称“浸

吹釉与浸釉

釉”，是最常用的施釉方法之一。方法是将瓷坯放入盛有釉汁的缸内，利用坯的吸水性使釉浆附着于坯上。浸釉的瓷器，如钧窑、哥窑瓷，釉层常常厚得像堆积的脂肪，因为浸釉工序不止一次。

吹釉又叫“喷釉”，是在一节竹筒的一端蒙上细纱，在细纱这端蘸上釉浆，从竹筒的另一端用嘴向坯面吹釉，气体将釉浆穿过纱孔形成雾状附着在器坯的表面上，以吹的次数来控制釉层的厚薄。比起蘸釉，吹釉对窑工技巧的要求更高。吹釉的器物釉层较薄，所以旧瓷器中有所谓“玻璃釉”的名目，其釉层甚至薄得像卵膜一样。

其实，上釉的方法不止蘸釉和吹釉两种，还有浇釉、刷釉、轮釉等。

如果是较大型的器物，用蘸釉和吹釉的方法就显得捉襟见肘，还可采用浇釉之法。浇釉就是在盆或钵上架一个木板，把瓷坯放在木板上，两手各执一勺舀取釉浆，向坯体上交相泼浇，釉浆会在工匠的操作下自然地附挂在坯上。

刷釉又称“涂釉”，是用毛笔或刷子蘸取釉浆均匀地涂在器表，多用于方形而有棱角的器物或是局部上釉、补釉。

轮釉是将坯体放在可旋转的轮上，用勺舀取釉浆倒入旋转着的器坯的中央，利用离心力的作用使釉浆均匀地散布在坯体上，而多余的釉浆飞散到坯外。这种方法适用于盘、碟类形状圆而扁平的器物。

宋元古瓷，釉厚者有如堆脂，谓之密淋釉。其挂釉至底之处，往往垂若蜡泪，任其渗出，谓之鼻涕釉。又，古瓷中常有釉不到底，露出胎骨，大小片段不等，甚至有半有釉半无釉者，若是者谓之露胎，其小者谓之缩釉。但以是为宋元之证，则不尽然。盖宋汝、均诸器固多露胎、缩釉，然官窑极精之品亦有无是者，即有之亦片段甚小。至于元瓷，则有露胎颇多者。若康、雍间仿宋之品，则又缩釉处甚小矣。至咸、同间仿宋诸器，吾辈目为赝鼎者，则密淋、鼻涕等状又必全似于宋釉，是在明眼人辨之而已。

【解读】

宋元时期的瓷器有的釉层肥厚，如同堆积的脂肪，称为“密淋釉”。挂釉到底足部分，往往垂流下来，有如蜡烛的泪痕，而任其渗出，称为“鼻涕釉”。此外，古瓷中还有挂釉不到底而露出胎体的，甚至有的一半有釉一半无釉，这样的称为“露胎”，而露胎较小的称作“缩釉”。但是若以此作为宋元古瓷的证据，则并不尽然。宋代汝窑、钧窑瓷器固然多有“露胎”、“缩釉”现象，但是官窑的精细产品也有没有这些特点的，或者即使有也非常小。元代瓷器“露胎”现象颇多，而清代康熙、雍正时期的仿宋瓷器，缩釉处就很小。咸丰、同治时的仿宋瓷器，其“密淋釉”、“鼻涕釉”现象与宋代瓷釉几乎完全一致，这只能由懂行的人来分辨了。

青、红各器，其口际有白釉一线，形若灯草，底足之处又必有圈线一围，二者皆名曰灯草边，以质极滑、线极齐者为贵，市人所谓规矩者也。彼伪制之品往往不能规矩，赏鉴家每于此辨别之。若雍正仿宣红之品，近灯草边处色亦较淡，然浅深虽稍有间，亦必极规矩，固不能以伪制目之矣。

灯草边而圆者固贵矣，若方者则尤贵。盖口际扪之若平面者谓之方边，康、乾乃有之。后则圆边有仿制绝精者，而方边则甚罕仿制也。

【解读】

带有灯草边的祭红釉盘（清 康熙）

关于“灯草边”的成因，前文讲到郎窑瓷器时曾经提过。其实不只是郎窑红釉瓷器，明清时期的高温铜红釉瓷，包括蓝釉瓷，都有“灯草边”。文中说，灯草边以釉质光滑、线条齐整为贵，市场上的人称为“规矩”。而仿制品往往不能如此规矩，所以鉴赏家以此来辨别真伪。清雍正时仿制明宣德祭红的产品，靠近灯草边的地方颜色较淡，不过也一定非常规矩，所以不能视为伪造。灯草边除了圆边之外，方边的更加贵重。其口边用手摸起来就像有个平面，就是方边。方边在康熙、乾隆年间才出现。后世仿制圆边可以仿得非常精妙，而仿制方边的则极少。

紫黑之釉，满现星点，其光莹亮如铁者，谓之铁绣花。星点痕稍长，其光闪烁不定者，谓之蝗股纹，又谓之蚱蜢腿，又谓之蜻蜓翅，同一名词皆形容其所似也。凡紫黑之釉，苟无是等纹者则不足观矣 。

【解读】

有一种紫黑色的釉，布满了星点，光泽莹亮如铁，称为“铁绣花”（现多作“铁锈花”）。星点痕迹稍长一些而光泽闪烁不定的，叫“蝗股纹”、“蚱蜢腿”或“蜻蜓翅”。如果是紫黑色的釉而没有这类斑纹的，就不值得一观了。

铁锈花釉玉壶春瓶（元）

文中所说的这种铁锈花釉，是以含氧化铁的斑花石为颜料，在瓷坯上描绘图案，再经高温烧制而成。在烧制过程中，图案中的铁晶体呈现斑斓的铁锈红色。铁锈花是宋、元、金时期北方磁州窑系的特有品种。清雍正、乾隆年间，景德镇御窑厂也生产铁锈花，釉料中除铁外还有适量的锰，釉面呈赤褐色。

有一种香瓷能于座间发出香气，恽南田有瓯香馆即指此也。盖宋瓷制胚胎往往杂以香料，历年既久，异香喷溢，最为珍罕之品。有土胎香者，有泥浆胎香者，有瓷胎香者。浆胎香者较多，瓷胎较少。更有藏香胎、沉香胎等等。若小合之属，古时奁具载梳头油久，亦能浸溢成香，是又入于韵事者矣。

香瓷之香乃在胎骨，宋制器皿釉不到底，恒稍露胎骨于外，故能发香。若釉汁满挂，则纵有香料入胎，而亦不能喷溢芬馥矣。是以香胎间于古瓷中有之，后代则甚罕也。

【解读】

这两段文字提到了一种宋代的香瓷。清初的著名画家恽寿平有一座瓯香馆，就是由此而得名。这种香瓷是在制作瓷胎时就加入香料，所以年深日久依然能发出异香。香瓷有土胎香、泥浆胎香、瓷胎香几种，其中浆胎香较多，瓷胎香较少，还有藏香胎、沉香胎等等。由于香瓷的香气来自胎骨，而宋代瓷器挂釉往往不到底，总有露胎之处，所以能持续散发香气。如果挂满釉浆，即使胎中有香料，气味也散发不出来。所以香瓷只在古瓷中偶有所见，后来就十分罕见了。

文中所说的香瓷，由于从清代以后就再没有过实物记载，所以很多文人和收藏者都质疑它的存在。如成书于清末的另一部陶瓷专著《陶雅》就对香瓷持否定的态度：“或谓宋瓷有以香质入料，久则异香喷发，且香气随年代而改变，嗅而知为某代之物。其说非也，盖瓷胎净细，阅岁浸久，自发古香，书籍亦然，非别有香料也。”

乾隆有专仿木制各皿，远望俨然如木而实为瓷者，名曰仿木釉。有仿漆器者，名曰仿漆釉。有仿景泰珐琅者，名曰仿景泰釉。此外更有玳瑁釉、石釉、花釉等等，骤视绝不类瓷，细辨始知皆釉汁变化神奇之至也。

【解读】

清乾隆时期曾有一种仿木纹的瓷器，远远看去仿佛就是木制的，叫“仿木釉”。还有模仿漆器的，叫“仿漆釉”，以及模仿景泰蓝的，叫“仿景泰釉”。此外更有玳瑁釉、石釉、花釉等许多种，猛然一看都不像瓷器，细细辨

仿木釉碗（清）

仿石釉双联笔筒（清 乾隆）

识才能发现釉汁变化的神奇。

乾隆时期，由于乾隆皇帝的偏爱，景德镇官窑曾不惜工本地烧造各种仿生釉瓷器，除了文中提到的几种外，还有仿竹、仿石、仿古铜器等，都是用瓷釉仿烧出各种材质的纹路和质感，非常相像，足以乱真。不过，从艺术角度来看，这种一味追求逼真的模仿不免缺乏一种个性洒脱的韵致。更有人认为，仿生釉瓷器的艺术价值不高，而且将色釉瓷器的生产与审美引入了歧途。

说彩色第四

以浅深数种之青色交绘成文，谓之青花。本色地而绘以五色花者，谓之五彩。绘三色花者，谓之三彩。彩地而傅以彩花者，谓之夹彩。先施圈阑，内绘花文，外填色釉或锦文者，谓之开光。黑白等地而绘绿、黄、紫三色花者，谓之素三彩素三彩亦有连地统计者。由窑变而成红、绿、紫三色者，谓之天然三彩。里外皆有花者，谓之两面彩。

【解读】

本段文字相当于“说彩色”一章的小序，列举了彩瓷的一些品种。文中说，用深浅不同的青色料画出各种花纹的，叫“青花”。在本色地上画五色花纹的，叫“五彩”。在彩色地上描绘彩色图案的，叫“夹彩”。先画圈框，然后在里面画图案的，外面填以色釉或者锦纹的，叫“开光”。在黑色或白色地上画绿、黄、紫三色图案的，叫“素三彩”。由于窑变而出现红、绿、紫三色的，叫“天然三彩”。器物里外都有图案花纹的，叫“两面彩”。

彩瓷亦称“彩绘瓷”，指的是器物表面中加以彩绘的瓷器，主要有釉下彩和釉上彩两大类。釉下彩一般用色料在已成型晾干的素坯上绘制各种纹饰，然后罩以透明釉或者其他浅色面釉，入窑在1300℃左右高温还原气氛中一次烧成。彩色图案在釉层下色彩保存完好，经久不褪。釉下彩的品种主要包括青花、釉里红和青花釉里红。

而釉上彩瓷采用的是低温颜色釉工艺，在白釉器上进行彩绘后，入炉在600℃～900℃的低温彩炉中二次烧成，彩绘的图案附着于釉面之上。由于釉上彩的烧成温度较低，故许多颜料都可以采用，所以种类也非常丰富。如前文所说的五彩、素三彩、夹彩等都属釉上彩，此外还有粉彩、斗彩、珐琅彩、墨彩、广彩等诸多品种。

本色地加彩，盖始于宋。或谓始于明者，非也。《陶说》载宋学士王珪召对蕊珠殿，设紫花坐墩，是其有力之证。以余所见，哥窑加彩之器，古物保存所有之。而友人所藏复有一具，确为宋物无疑。花彩古气盎然，殊不类后加者。至元瓷法花之品法花详下章，花与底不一，已开夹彩之权舆。元时既有夹彩，则本色地加彩必在其先，断可知矣。

【解读】

长沙窑釉下褐绿彩荷花纹执壶（唐）

这一段文章讲述了彩绘瓷器的起源。作者认为彩瓷诞生于宋代，而不是有人说的始于明代。他举了《陶说》中记载宋代有紫花坐墩的例子，以及自己曾见过宋哥窑加彩瓷器，作为佐证。文中还说，元代的法花瓷是夹彩，也就是色釉彩绘瓷的开始，由此推断，本色地加彩瓷肯定在其之前。

实际上，彩瓷的起源远在宋代之前，至少在魏晋南北朝时期就已经诞生。南朝时期，南方地区的越窑、长沙窑等窑口已经烧制出大量的青釉褐彩、青釉褐绿彩瓷器。隋唐时期，北方瓷业迅速兴起，白瓷发展很快，北方也出现了白釉绿彩、白釉黑彩、白釉褐彩、唐三彩等彩瓷品种。

长沙窑被认为是我国釉下彩瓷大规模烧造的创始地，其釉下彩装饰十分丰富，有青釉釉下彩、釉下加褐彩、釉下加绿彩和釉下加蓝彩，甚至还有加红彩和黄彩的。彩绘装饰有斑块、条纹、散点、涂抹、蘸泼、图案、绘画、诗文等。其中绘画尤为引人注目，题材有花草、动物、山水、图案、人物等。

今就世人所宝贵之色，择要以说明之，俾辨色者稍得厓略，非以求备也。其别如左：

宝石红　祭红之宝石釉者，俗呼之曰郎窑。今为行文之便，以宝石红别之。始于宣德，盛于万历，康熙仿者已稍不如前，此后遂绝响矣。此种器皿大都亮釉，其色深红如初凝之牛血，里外皆有开片，而扪之无痕，开在釉汁之内，若隐若现。底足灯草边异常齐整，底概无款。有米汤底、苹果底两种，稍黄者曰米汤，稍青者曰苹果，均有小开片。以纯红者为极难得，满带苔点绿者次之，其不纯红者则变为其他名称矣与《说窑》章《郎窑节》参看。

【解读】

从这段开始，作者就比较受欢迎的釉色品种进行一一说明，以帮助人们对其特点略知大概。

宝石红釉僧帽壶（明 永乐）
（图片提供：微图）

首先说的是宝石红釉。红釉瓷创于元代而成熟于明朝，明永乐时期，以铜为着色剂的高温红釉烧造技术逐渐成熟，器物明显增多。永乐红釉呈色稳定纯正，一改元代的暗红色调，成为鲜艳的鸡血红，后人称之为“鲜红”、“宝石红”等。后世对永乐红釉瓷器的评价很高，清代《景德镇陶录》就称“永乐鲜红最贵”。

文中说宝石红釉始于宣德，盛于万历，与史实略有差异。宣德红釉负有盛名，被列为皇室祭器品种。正德后红釉烧制技术失传，嘉靖朝祭祀大典无奈以低温矾红釉代之。高温铜红釉此后中断100多年，至清康熙年间才再度仿烧成功，遂成名品。

郎窑红是清康熙时景德镇窑仿明宣德时的宝石红釉烧制而成的一种红釉，因康熙时郎廷极督理景德镇窑务时仿烧成功，故以其姓氏命名为“郎窑红”，又称“郎红”。郎窑红是一种明亮鲜艳的深红色釉，其特点在前一章已经做过介绍，此处不再赘述。

积红　祭红之鲜红釉者，据项氏子京说以积红别之。凡朱红、粉红及变为青绿等色，无开片而有款者概属于此类。亦始于宣德，其他明代诸朝暨康、雍、乾、嘉均有之。与宝石红之祭红本为一物，其所异者特一深红、一鲜红，一有小开片、一不开片耳。其灯草边之齐整亦同，惟因其不如宝石红之透亮，价值遂远逊云。

【解读】

一般认为祭红、祭红、鸡红、积红说的都是一种瓷釉，而本段文字提出，根据项子京的说法，积红是祭红中呈色鲜红的一种釉色。

凡是朱红、粉红以及变为青绿等色，没有开片而有款识的，都属于此类。

祭红出现于明初，在明宣德年间已经比较成熟，而并非如文中所说的始于宣德。到了明代中叶以后，祭红质量开始走下坡路，合格产品的产量严重下滑，甚至几近失传。清康熙时期，景德镇窑重新烧制祭红，康熙、雍正、乾隆三朝祭红器大受欢迎。康熙时的祭红釉釉色普遍深红，个别的较为浅淡鲜亮，色调均匀，有的釉面有细小的橘皮纹。雍正时的祭红釉釉面润泽，釉色有深、浅、浓、淡之分。乾隆时期的祭红质量进一步稳定，釉面上的橘皮纹呈涟漪状小皱纹，釉色大多匀净。乾隆朝的祭红器生产量骤增，传世的祭红官窑器以乾隆时期较多见。《景德镇陶歌》有载："官古窑成重祭红，最难全美费良工。霜天晴昼精心合，一样搏烧百不同。"

祭红釉小碗（清 乾隆）

豇豆红　　此色亦由祭红变化而来，以类于豇豆，故以豇豆红呼之。釉中多有绿苔点或大片绿斑，亦有纯红者。以康熙款者为最多，若雍正款者则其釉虽与豇豆红无异，人亦辄以雍正祭红呼之矣。豇豆之黯败者，俗称乳鼠皮，价值殊贬。稍深则入云豆色，近紫又入茄皮色。豇红之所以可贵者，在莹润无比，居若鲜若黯之间，妙在难以形容也。

【解读】

豇豆红釉印盒（清 康熙）

豇豆红釉也盛行于清康熙时的景德镇官窑，是与郎窑红齐名的高温铜红釉，这是一种浓淡相间的浅红色，素雅清淡，柔和悦目，因红釉中多带有绿色苔点，颇似红豇豆的颜色而得名。旧说豇豆红是清康熙朝新创的品种之一，后来在景德镇明御窑厂旧址发现了宣德红釉器，才知豇豆红釉是明代宣德窑的发明。

豇豆红器一般器内为白釉，器外壁是分几次吹釉后用高温烧成的，所以又称“吹红”。因吹釉的层次不同，在烧成后釉中出现水渍般的现象，更因釉中微量的铜元素在烧成时被氧化，产生了绿色的斑点，犹如绿苔。在浑然一体的淡红釉中，掺杂星点绿斑，相映成趣。

豇豆红无大件器，所见传世品主要是清康熙宫廷内的文房用具，有印盒、水盂（太白尊、马蹄尊），带暗花团螭装饰。柳叶瓶、菊瓣瓶等少数小件器最高的也不超过 20 厘米，器底都有“大清康熙年制”三行六字楷书官窑款。

雍正时期也曾烧制过豇豆红器，但釉色灰暗，俗称“乳鼠皮”，属不成功之作。作者认为，豇豆红之所以可贵，就在于其釉质莹润，色泽在若鲜若黯之间，具有难以形容的妙处。

胭脂水　　胭脂水一色发明于雍正，而乾隆继之，以其釉色酷似胭脂水，因以得名也。始制者胎极薄，其里釉极白，因为外釉所照，故发粉红色。乾隆所制则胎质渐厚，色略发紫，其里釉尤白，于灯草边处如白玉一道焉。至乾隆末叶，喜满雕阴文细花，绘以杂彩，比之初年，殆不啻上下床之别。而近今伪制尤以此类为多，客货多系疙疸釉，而明艳鲜丽，釉亦极薄。至嘉、道以后，虽有此色，然已比之自郐矣。

【解读】

胭脂红釉盖碗（清 乾隆）

胭脂红釉是一种低温釉，以含金万分之一以下的微量黄金为着色剂，在炉内经 800℃左右温度焙烧而成。因其烧成后的红色釉汁细腻，光润匀净，娇嫩欲滴，宛如少女涂抹胭脂的脸颊，故而得名“胭脂红”。又由于这种红料是从欧洲转入，又被称为“洋金红”或“西洋红”。胭脂红釉的呈色有深、浅之分，深者称“胭脂紫”，浅者称“胭脂水”，比胭脂水更浅淡者称“淡粉红”。 胭脂红釉可以用于单色釉瓷，也广泛用于斗彩、粉彩、珐琅彩等彩瓷的装饰之中。

文中说道，胭脂水创烧于雍正年间，康熙年间有所继承。初时胭脂水的瓷胎极薄，而内壁釉色极白，因外面釉色的映照而呈现粉红色。乾隆年间的胭脂水瓷胎体变厚，釉色略发紫，内壁的釉色尤其莹白，在灯草边处就像有一道白玉。到了乾隆末期，胭脂水釉瓷往往雕满阴刻的细花纹，加绘杂色彩绘，和初年比相差很大。近年来伪造的尤以后者居多。民窑生产的胭脂水釉瓷多为疙瘩釉，颜色明艳鲜亮，釉层极薄。嘉庆、道光以后，虽然还有这种釉色的制品，但是水平低下，不值一提了。

均紫　　均紫最秾丽，为古今所艳称。初制较浓，有类长熟之葡萄。后制则近鲜，有类开透之玫瑰，故有葡萄紫、玫瑰紫等名也。全器纯紫者近已不易一见。末叶蓝、紫相间成垂涎纹，如蔚篮水光中泛出片片之紫浪，洵异彩也。元紫成鱼、蝠、蝶等形，釉能深入胎骨，故亦可贵。至明迄清，仿均之品，如涂涂附，大抵浅紫，尚可形似，而深紫已渺不可追。或则紫中发红，或则紫中发黑，殆非正紫矣。

【解读】

这段文章所说的“均紫”，现在一般称为“钧红”，是宋元时期的钧窑以氧化铜为着色剂，在还原气氛中烧成的一种铜红釉。作者说，均紫色泽艳丽，古今称道。最初的均紫紫色较浓，像成熟的葡萄，而后来的成品釉色较鲜艳，像开透的玫瑰，所以又称“葡萄紫”“玫瑰紫”，但通体纯紫的器物已不多见。均紫末期的产品蓝紫相间，形成垂涎纹，就像蔚蓝的水光中泛出片片紫浪，绚丽多彩。元代时紫色形成鱼、蝙蝠、蝴蝶的形状，釉色深入胎骨，十分可贵。明清时期有仿钧瓷器，大致上浅紫色还算形似，深紫色已经很难见到了，要么紫中发黑，要么黑中带紫，都不是纯正的紫色。

钧窑玫瑰红釉鼓式洗（宋）

钧红瓷器釉层较厚，釉面微微流淌，色调红里泛紫，而且常出现红、蓝、紫三色相交错的绚丽画面。钧红的创制为陶瓷装饰工艺开辟了一个新境界，明代的宝石红、祭红，清代郎窑红、豇豆红及一些窑变釉的出现，均与钧红有关。

茄皮紫　　茄紫一色始于明末，康熙继之，皆系玻璃釉。淡者比茄皮之色略淡，深者比煮熟茄皮之色又略重，故有淡茄、深茄之分。淡茄尤为鲜艳，介于豇豆、云豆之间。自雍正至乾隆，虽间有茄紫，然已不甚多见。盖其色甚难摹拟故也。最近仿制者紫中发红，且不匀净，不难一望而知，真伪立判。又此色器皿大半有雕花者。

【解读】

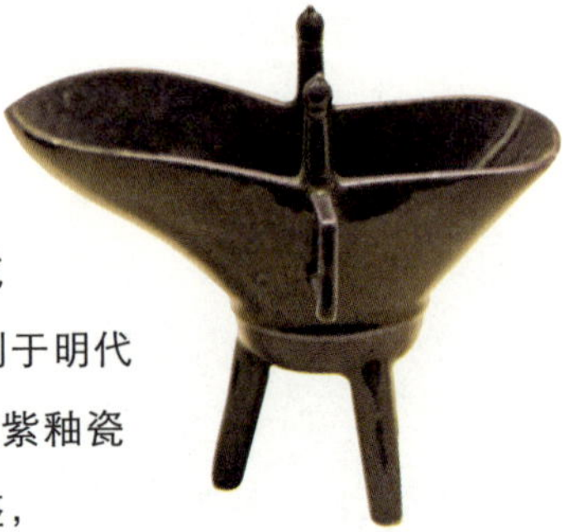
茄皮紫釉爵（清 乾隆）

茄皮紫是以锰作呈色剂的高温颜色釉，是将锰原料加入含碱量较高的釉中烧制而成。因其釉色像成熟的茄子皮一样光润，故名。茄皮紫创于明代后期的景德镇官窑，弘治时期的茄皮紫釉瓷紫中泛蓝，釉质丰腴光润，造型规整，为茄皮紫釉中的精品。嘉靖时，茄皮紫釉色有深浅两种，浅者似未熟的茄皮，露淡紫色，多施于较精细的盘碗类器物上；深者呈黑紫色，比煮熟的茄皮略重，常施于大盘、大碗等大型的供器之上。清康熙以后，尤其是雍正至乾隆年间，间或有茄皮紫釉瓷器出产，不过也已不多见，因其颜色非常难以模仿。最近的仿制品往往紫中带红，而且色泽不够匀净，很容易一看就分辨出真伪。再者，茄皮紫瓷器多半有雕花装饰。

各种红紫　　红有百余种，至繁赜矣，除上所述诸种外，其他亦可略述也。粉红为鲜红之化身，亦即积红之最淡者，或呼为娃娃脸，或呼为牡丹、芍药，或呼为桃花片、海棠红，总不外形容其艳丽而已。朱红色若正朱，康、乾之制鲜明夺目，以后则比之自郐。抹红釉质极薄，参入夹彩，以乾隆间为多，其间又有柿红、橘红、枣红之别。橘红与朱红判别又在微妙之间。抹红带黄者又谓之杏子衫矣。珊瑚一种，釉汁极薄，乾窑最精，此后殆如涂附。至羊肝、猪肝，则殊不足轻重。盖红之为色变化至夥，而近之所重则偏在于祭红一脉云。

【解读】

珊瑚红釉瓶（清 康熙）

作者总结道，红紫色釉细分起来有百余种，非常繁多而复杂。除了以上说的几种以外，还有一些品种。粉红，是由鲜红变化而来，是积红中最淡的一种，又称“娃娃脸”、“牡丹”、“芍药”、“桃花片”、“海棠红”等，不外乎形容其娇艳。朱红，釉色就像纯正的朱砂，康熙乾隆年间的制品鲜明夺目。抹红，釉层很薄，掺入夹彩，乾隆年间所制较多，其中还有柿红、橘红、枣红之分，差别十分微妙。抹红中带有黄色的又叫“杏子衫”。还有一种珊瑚红，釉层极薄，乾隆窑所制最精，此后的制品色泽都像涂覆上去的。总之，红色的变化最多，而近年最受重视的偏于祭红一类。

文中所说的珊瑚红釉为清康熙朝创烧的一种低温铁红釉，通常做法是将配好的釉料以吹釉法吹于细白瓷上，经低温烧成。其釉色均匀，因红中闪黄，与珊瑚相似，故而得名。清代康熙、雍正两朝的珊瑚红釉瓷器多以珊瑚红作底色，上面绘以五彩、粉彩或描金图案。而抹红是珊瑚红的一种，其上釉方法采取的是刷釉法，因而釉层不均匀，有刷痕，但色泽显得清丽温润。抹红出现于明代，清康熙时最为突出，胎质缜密厚重，色彩艳丽凝重，有陈旧感，侧视可见光晕。

天青　天青一色肇端北宋，柴周遗制，夐乎渺矣。自宋迄明代有作者，至康、雍集其大成。幽隽淡永兼而有之，往往于淡隽中有秾蒨之小点，尤为引喜。其釉色变迁略有不同。康熙初年之天青，其釉极厚，其色微青，釉色混融，有同鱼脑。康熙末年之天青，其釉略混，其色略蓝。雍正时之天青，其釉略混，其色殆与天蓝无甚大别。此时制器又往往书成化款也。自康至乾，无论天青、天蓝，其釉皆厚而且润，新者釉混而且粗，鱼脑之说渺不可复追矣。

【解读】

天青色釉始于北宋，虽然其名源自后周柴世宗的“雨过天青云破处，者般颜色作将来”二句，但是后周柴窑的天青釉瓷如今已经邈远而不复见了。自宋到明，天青釉瓷历代都有烧制，到了清康熙、雍正年间可谓集其大成，幽静、淡雅、隽永兼而有之。康熙初年的天青釉釉层极厚，色泽微青，釉色混浊，如同鱼脑。康熙末年的天青，釉色略混，色彩发蓝。雍正时期的天青颜色与天蓝色差不多，而此时的天青瓷往往写成化款。而康熙至乾隆时期，无论天青、天蓝，釉层都厚而滋润，新仿者釉层混浊而且粗糙，如同鱼脑的釉色已经遥不可及了。

天青釉靶盏（明）

清代的天青釉是仿北宋汝窑和钧窑瓷器而制。康熙、雍正时期的景德镇官窑在仿制天青釉时，改变了釉的配方，在透明釉中加入接近 1% 的钴料为呈色剂，生坯挂釉，在高温还原焰中烧成了天蓝釉。其釉色犹如天空的蓝色，幽淡隽永，呈色稳定，釉面光洁，令人赏心悦目，成为清代宫廷的重要陈设器皿和主要的文房用具。其传世之作数量极少，后世虽有仿品，但颜色皆仿不准。

豆青、豆绿　此二色宋哥、弟窑为最盛，哥窑多作豆绿，弟窑多作豆青，皆滋润莹泽，至为可爱。弟窑留传比哥窑较夥，明暨清初亦仿弟窑为多。雍正仿制之品，沪上名曰果绿，莫解其由，谓是哥绿转音。以弟为兄未必谬陋至此，谓是苹绿省文，则色泽殊亦不类，殆沿讹袭谬不可究诘耳。明以前之豆青微近黄色，至清则纯近绿色。雍、乾以后往往加以彩绘，素地者遂处于平淡无奇。此色易制，沿袭过多，世人淡漠置之，殆如老去秋娘无复当年声价矣。

【解读】

豆青釉双耳蒜头瓶
（清 乾隆）

文中说豆青与豆绿釉瓷以宋代哥窑和弟窑烧造最盛，哥窑多豆绿，弟窑多豆青，都滋润莹泽，质量很高。其中弟窑产品流传下来的比哥窑多，所以明代至清初以仿造弟窑豆青釉的瓷器为多。雍正年间仿制的豆青釉器，上海一带称为“果绿”，不清楚其中缘由，也许是“哥绿”的转音或“苹绿”的省称，但又都有疑义，大概是以讹传讹，无法细究了。

明代豆青釉的色调以青中闪黄为主，而青色较宋代清亮。清代康熙时豆青釉近乎纯绿色，釉面润泽凝厚，釉色纯净，釉只施于器表，器壁和器底为白釉装饰。文中总结，雍正、乾隆以后的豆青釉瓷往往施加彩绘，素地的豆青釉则显得平淡无奇。由于豆青釉烧制比较简单，所以世人对其态度比较淡漠，就像老去的秋娘不复当年的声誉和身价了。

瓜皮绿　　瓜皮绿如西瓜之皮，因以得名。康窑有一种罐，作西瓜状，盖上有瓜藤，弥可珍贵。釉上满开小片，其纹略如牛毛。雍正所制釉厚而且润，色绿而略黄，或如春时之柳叶，或如秋末之葱心。乾隆制者，绿色略深，开片亦较前略粗，然皆滋润莹泽，纹内亦不发黑。若新制则燥而不润，绿而发黑，故不足珍也。

【解读】

瓜皮绿釉是一种匀润的嫩绿色，有的釉面是绿中微闪黑，素面瓷器与暗刻花纹釉面皆有，多数无款。康熙年间的官窑有一种西瓜形的罐，盖上雕有西瓜藤，十分珍贵。其釉层满布小开片，近似牛毛纹。雍正时的瓜皮绿釉釉层厚而润，颜色绿而微黄，像初春的柳芽或秋末的葱心。而乾隆年间的瓜皮绿釉绿色略深，开片也比以前稍粗，然而也都滋润莹亮，纹路内部也不发黑。晚近制作的瓜皮绿釉瓷釉层燥而不润，绿而发黑，所以不足珍贵。

瓜皮绿釉玉壶春瓶
（清 雍正）

瓜皮绿釉的器形有碗、印盒、水盂笔筒、撇口碗、笠式碗、盘、印盒、洗、花插等。印盒上往往有刻花暗龙装饰，碗类有“大清康熙年制”两行六字楷款。

各种青绿　　深色诸绿以孔雀绿为最可爱，葱翠夺目，制亦近罕。其次则蟹甲青，古气盎然，扑人眉宇。新橘满含棕眼，亦有足多。若鳖裙者，俗谓之忘八绿，殆非雅品。大抵青绿之色不贵深而贵浅，以浅者鲜艳可爱，变化无穷也。葡萄水如新长之葡萄，西湖水、松花绿亦不甚相远。淡绿微发黄者，名曰秋葵绿。青而略同虾肉色者，名曰虾青。数者均标新领异，殊可珍贵。至色微近浅蓝之鹦哥绿，与发黄较多之犁青，则稍近于平庸矣。

【解读】

此节说的是青绿色系的釉彩。作者认为，深色的各种绿釉中，以葱翠夺目的孔雀绿釉最为可爱，其次是古意盎然的蟹甲青。还有满是棕眼的新橘，也有值得称道之处。而色调近似龟壳裙边的“忘八绿”则不够典雅。总结起来，青绿色釉以浅为贵，浅的鲜艳可爱，而且富于变化。文中还提到了葡萄水、西湖水、松花绿、秋葵绿、虾青等多个品种，都

孔雀绿釉花插（清 康熙）

标新立异，十分珍贵。而色调近于浅蓝的鹦哥绿和颜色发黄的犁青就比较平常了。

孔雀绿釉是以铜料在氧化气氛中烧成的一种低温绿釉。明代孔雀绿釉瓷亦称“法翠”，其色翠碧，像孔雀尾翎上的翠绿羽毛。明成化、弘治、正德三朝官窑均有孔雀绿瓷，其中又以正德时所造最为成功。清康熙朝盛烧孔雀绿釉，并且制品丰富，有尊、炉、瓶、鼎、罐等器物，体大厚重，釉色深翠，光泽很强。以后各朝很少制作孔雀绿釉瓷器。

洒蓝、积蓝　　康窑于洒蓝中加绘金彩云龙，奕奕有生气。其作法系先上一层白釉，再上一层蓝色，复上一层薄釉，最后乃画金花。积蓝又名霁蓝，作法与洒蓝有别，乃将蓝色与釉水融和，挂于瓷釉之上，并不先上白釉，因此之故，其釉比洒蓝为厚，而色则大略相同也。

【解读】

洒蓝釉又称“鱼子蓝”、“雪花釉”、“雪花蓝”或“青金蓝釉”，因为施釉时利用竹管蘸蓝釉汁水，吹于器表，经高温烧成后呈现不均匀如洒出的蓝色斑点，其中透出白釉地斑片，犹如雪花飘洒在蓝地一般，晕散开来又如片片的雪花，故而得名。洒蓝釉瓷始烧于明宣德时的景德镇官窑。宣德洒蓝器传世品目前仅见4件，宣德朝以后明代各朝不再制作，直到清康熙朝才又恢复洒蓝釉的烧制。洒蓝器多数采用描金装饰，尤以洒蓝开光描金的器物为多。

霁蓝釉碗（清 道光）

积蓝又称“霁蓝”、“霁青”或“祭蓝”，是以氧化钴为着色剂，经高温烧成的失透状的蓝釉。明宣德时期的霁蓝釉瓷独树一帜，其釉色如蓝宝石，有深浅变化，深的泛黑而明亮，浅色泛白。器口沿的釉层较薄，且有一线白色灯草口，积釉处则泛黑褐色。釉质肥腴，有橘皮纹。成化年间出产的霁蓝器有的在口沿上加酱色边，蓝釉白花器的白花堆起而有立体感，纹饰极为清晰，从釉色看呈蓝中泛紫。正德年间亦有蓝釉器出产，其釉色蓝中泛黑，釉薄处露白而有丝状痕。清代各朝的霁蓝釉瓷生产一直未断，常见造型仍是宫廷祭器和陈设用瓷。

作者提到，积蓝上釉方式不同于洒蓝，所以釉层比洒蓝要厚，而二者颜色大致相同。

豆彩　　何谓豆彩？盖所绘花纹以豆青色为最多，占十分之五六，故曰豆彩也。或称斗彩，谓花朵之攒簇有类斗争。或称逗彩，谓彩绘之骈连有同逗井。实则市人以音相呼，辗转讹述，殊非正诠。是彩康、雍至精，若人物、若花卉、若鸟兽均异采发越，清蒨可爱。至乾隆以后，喜作团彩，稍欠风致矣。然于华丽之中别饶葱茜之致，足为清供雅品，弥可宝贵也。

【解读】

豆彩，通常称为“斗彩”“逗彩”等，一般认为创烧于明成化年间。但斗彩这个名称在明代没有形成，就是清代还称其为“成化五彩窑”、“成窑五彩”或“青花间装五彩”。广义的斗彩是指釉下青花与釉上彩相结合的彩绘瓷工艺。

斗彩花蝶纹罐
（明 成化）

之所以叫“豆彩”，是因为彩绘所用以豆青色最多；有人称“斗彩”，比喻釉下青花与釉上彩攒簇一处，斗妍斗美；有人称“逗彩”，意为釉下彩与釉上彩似在相互逗趣。其实这都是贩卖瓷器的人叫来叫去，以讹传讹而已。

明成化斗彩是先用青花在白色瓷胎上勾勒所绘图案的轮廓线，罩釉高温烧制后，再在青花轮廓内填充各种彩色，再入彩炉低温烧成。其釉上之彩色一般为三四种，多者达五六种，色彩都极具特征。明代中后期，斗彩瓷器几乎停烧，直到清康熙时期才恢复生产。康、雍、乾三朝形成了一个斗彩瓷器的生产高潮，文中说“康、雍至精”，这一时期无论是画人物、花卉还是鸟兽都更加神采焕发，清秀可爱。这一时期传世品主要有仿成化斗彩和清代流行器两类，其中，仿成化斗彩以雍正时期烧制最为成功，达到几可乱真的程度。乾隆以后的斗彩器有欠风雅，不过在华丽中另有一种葱翠之美，作为雅玩清赏，弥足珍贵。

斗彩并蒂莲纹碗
（清 道光）

各种黄色　　黄亦宣德时所尚之色，其时色深，有同蜜蜡，故有宣黄之称。至嘉靖始夹青花，色同鱼子，深者又别之为鸡油黄矣。康熙以后，专尚淡黄，统称蛋黄也。其稍深者谓之熟蛋黄，稍浅者谓之生蛋黄，若和黑、绿二色者，则名茶叶末。茶末导源最古，一为纯正之茶末，一为不纯之茶末，不纯正者或偏于黄或偏于绿，纯正者如将茶叶研成细末，调于釉中，其色古雅幽穆，足当清供焉。其黑色稍浓而有黄色碎点，周遭围绕于底足间者，谓之鳝鱼皮，亦象形语也。若鼻烟、若菜尾、若老僧衣，皆茶叶末之变体。鼻烟最浓，菜尾较淡。至如黄、黑、紫相和，砌成斑点，则谓之虎皮斑。在昔偶然风尚，今则无复问津矣。金酱而加金花亦乾隆间所尚，然皆小品居多，究未足当鼎彝之巨制也。

【解读】

黄釉以铁、锑为着色剂，以氧化铅为熔剂，素坯挂釉，经低温氧化焰烧制而成，釉色黄润晶莹。黄釉瓷器在明清时都为官窑烧制，因“黄”与“皇”同音，故黄釉瓷为皇家所专用的瓷器品种。

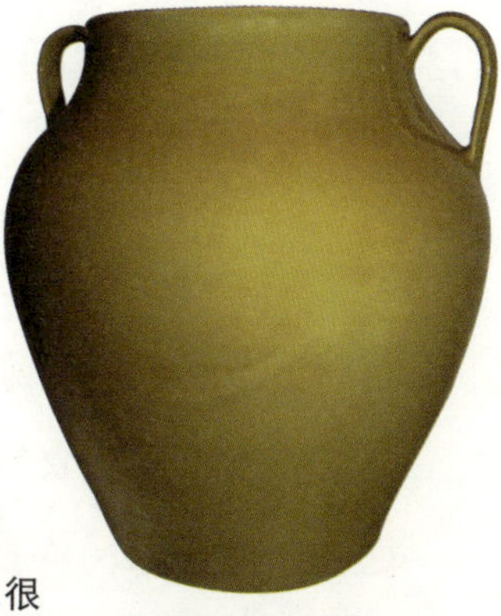

黄釉描金双耳罐
（明 弘治）

明代黄釉瓷最早见于永乐时期的景德镇窑，至宣德、成化时期烧制的器物已很精致，有“宣黄”之称。弘治朝的黄釉产品釉色恬淡娇柔，清澈晶莹，称为“娇黄”或“浇黄”；还有一种俗称叫“鸡油黄”的，黄色较深，是黄釉瓷的巅峰之作。

黄釉盏托（清）

清雍正时期，在明代娇黄釉的基础上创烧出淡黄釉，其着色剂为氧化锑，其釉色比娇黄浅淡，伴有粉色杂质，又名“蛋黄”。其中，颜色较浅的叫“生蛋黄”，较深的叫“熟蛋黄”。

黄色中混有黑、绿两色的，叫“茶叶末”，是以氧化铁为呈色剂，在 1200℃ ~1300℃环境中烧成。其釉层呈失透状，釉面无透明，釉色青中带黄且有细小斑点，如同茶叶细末。绿者称“茶”，黄者称“末”，古朴淡雅，耐人寻味。由于烧成气氛等因素的差异，釉色难以做到完全相同而呈现出不同的风格，有“鳝鱼黄”、“蛇皮绿”、“鼻烟”、“菜尾”、“虎皮斑”、“新橘”、“鳖裙”、“黄斑点”、“老僧衣”等品种，历来是瓷器收藏的珍品。

素三彩　紫、黄、绿三色绘成花纹者，谓之素三彩。以黑地为最贵，亦有浅黄、浅绿等地，而花则黄绿较深者，亦有间露白地者。茄紫为地，始稍罕见，有则花仅绿、黄二色耳，殆合地统计为三色也。绿套绿、黄套黄，于浅深中分先后，故有实四、五彩而亦称素三彩者。西人嗜此，声价极高，一瓶之值辄及万金。以怪兽最为奇特，人物次之，若花鸟，价亦不赀也。同一年代而素三彩之品，视他彩乃腾踊百倍，且其瓷质较粗，底多沙眼，而视同拱璧，殆有解人难索者矣。

【解读】

素三彩瓷是一种多以黄、绿、紫三色绘成花纹的釉下彩绘瓷，

黄地素三彩龙纹盘（清 康熙）

因不用红色，所以称“素”。它是在唐宋时期三彩釉陶器的基础上发展起来的，具体烧制方法是在高温烧成的素瓷胎上用彩釉填在已刻好的纹样内，再施釉并经低温烧成。

从目前的资料看，景德镇素三彩的烧制当以明代成化制品为起始阶段；而正德时素三彩瓷质量最好，釉面亮青肥腴，彩料细润，色泽浓艳厚实，纹饰洒脱自然，是正德朝声誉最高的彩瓷品种。除了白地三彩之外，正德景德镇官窑还有一种蓝地三彩瓷，色调素雅、清爽，为历代所推崇。清代素三彩瓷主要生产于康熙朝的景德镇窑。康熙素三彩器不仅对明代的工艺多有继承，还烧成了釉上蓝地素三彩和墨地素三彩。此外还标新立异，将黄色地、紫色地、米色地、虎皮釉等反复交替使用，变化莫测，颇具匠心。

作者提到，西洋人对素三彩瓷器尤为喜爱，一件瓷瓶往往价值万金。其造型以怪兽最为奇特，人物次之，花鸟也价值不菲。同一年代的制品中，素三彩器的价格比其他彩瓷能够高出百倍，而其质地粗糙，底部还有沙眼，却被视为珍品，令人难以理解。

黑彩、墨彩　　黑彩以质地言，墨彩以绘事言。凡黑地而花，或五彩、或三彩者，皆称黑彩。墨彩则以淡墨绘诸白地而已。墨彩视同常品，不外备鉴家之一格。若黑彩，则声价甚昂，素三彩而兼黑彩者尤为殊绝，五彩兼黑彩者次之。

乌金者，黑彩之尤莹亮者也。古铜者，茶末之和深黑者也。铁绣花者，近古铜而色深紫者也。铁棕者，茄紫之和深黑者也。墨褐者，墨彩之弥漫全体者也。四者皆黑之支流也。

【解读】

本段文字说，黑彩是就质地而言的，而墨彩是就彩绘而言的。凡是黑色地上有五彩或者三彩花纹的，都称作“黑彩”。实际上，黑彩指的就是黑色釉。宋代的黑定、明代的乌金釉、清代的墨釉都是非常珍贵的品种。黑彩的价格十分昂贵，素三彩而兼黑彩（即黑地素三彩）的尤其特殊，五彩兼黑彩（即黑地五彩）的稍次。

墨彩山水图笔筒（清 雍正）

墨彩瓷烧成于康熙中期，是以淡墨彩料为主，兼用矾红、本金等彩料在素器上绘纹饰，经炉火烘烧而成。浓黑如墨的彩料与如雪的白釉相互映衬，浓淡相宜，颇有传统的水墨画效果。墨彩作为单独的釉上彩绘多在盘、碗、笔筒等器皿上表现纹饰主题。题材以人物山水题材居多，具有典雅幽静的特色，时人称为“彩水墨画”。

乌金釉五彩福寿棒槌瓶（清 康熙）

乌金釉于明成化年间创烧，以氧化铁为呈色剂，再加入锰、钴等色料，釉质细腻，净亮如镜，为黑釉中最莹亮的釉色。乌金釉器大多用金彩描绘各种锦地或开光纹饰，但金色都不能持久。乌金釉发展至乾隆时达到了很高水平，在白釉上吹以黑色玻璃釉烧制，烧成后呈黄黑色，有种出土古铜的视觉效果，又称“吹古铜”。后又衍为古铜、墨褐、铁棕等。古铜釉常被作为料底，有纯黑与黑地彩两种。

月白、鱼肚白　　乃色之最淡者。牙白则稍闪黄色矣。若稍闪红色者，又称为虾肉白。填白者，系以粉料推填瓷上，再蘸釉汁。或讹甜白，失之远矣。以素瓷而论，白亦有种种之别焉。

【解读】

此节提到了几种白色釉。月白和鱼肚白都属于钧窑的釉色，月白是一种比钧窑天青更淡的近乎白色的蓝色，釉层厚而不透明，以铁的化合物为着色剂。牙白即“象牙白”，是明清时期福建的德化窑烧制的白釉瓷。其特点是胎白质坚，釉质光润细腻，素净淡雅，凝脂似玉。迎光透视，釉中闪现出粉红或乳白色。填白是明永乐年间景德镇瓷窑创烧的一种白釉，细腻莹润，微闪肉红色，因其给人一种甜静感，故又称“甜白”。所以说，素面白瓷也是有种种区别的。

钧窑月白釉荷叶盖罐（元）

洋瓷　　洋瓷有两种：一为泰西流入之洋瓷，本不入考古家赏鉴，然清初流入之品有极精者，如绘女神像、自由神之属，恢诡可喜，至旧至精者亦堪藏庋一二也。一为吾国所造铜胎挂瓷之品，市人通称亦曰洋瓷，实则此类彩绘大半本国华风，尤以绘《西厢》等故事为多，其兼仿洋彩者反居少数，则呼曰洋瓷，称名殊嫌不当。大抵互市伊始，洋瓷流入有铜胎者，遂印市人之脑，由是凡瓷之铜胎者，不问其为本国制与否，概以洋瓷呼之，相沿成习，牢不可破耳。

【解读】

铜胎画珐琅白菜纹茶船（清）

此节所讲的洋瓷分为两类，一类是从外国传入中国的瓷器，作者认为其中有清初传入的制作精细的瓷器，也有一定的收藏价值。而另一类“铜胎挂瓷之品”，也被人们通称为“洋瓷”，实际就是铜胎画珐琅器。其做法是先于红铜胎上涂施白色的珐琅釉，入窑烧结，使其表面平滑，然后以各种颜色的珐琅釉料绘饰图案，再经焙烧而成。这项技法起源于15世纪中叶欧洲，在康熙年间由广州等港口传入中国，很快受到皇帝的喜爱。北京的皇宫内廷设立了珐琅作，专为皇室制作画珐琅器物。乾隆时期，由于乾隆皇

珐琅彩石榴草虫纹
题诗碗（清 雍正）

帝的酷爱与支持，珐琅工艺突飞猛进，在图案、色彩、器型等方面都有所创意。

康熙时期的工匠们还移植铜胎画珐琅的工艺，创制了“瓷胎画珐琅”，又称“珐琅彩”。珐琅彩瓷的瓷胎在景德镇完成，而后运至京城，由皇宫的宫廷画师进行绘画，最后由清宫造办处的珐琅作坊进行二次烧制完成。珐琅彩瓷胎白釉润，色调明快，其精湛程度远非其他瓷器所能比，成为名贵的宫廷御用瓷器。清代规定珐琅彩瓷仅供皇帝、后妃玩赏以及祝寿、祭祀之用，宫外不得收藏。而且其烧制的时间十分短暂，只经历了康熙、雍正、乾隆三朝，乾隆以后，这种工艺便失传了。

说花绘第五

瓷之有花，宋代已渐流行。苏东坡诗“定州花瓷琢红玉”，仁宗召见学士王珪“设紫花坐墩”是已。今则宋定流传，递衍尚夥，若耀窑、磁窑均宋器之仿定者也。花多作盘螭、飞凤、牡丹、萱草等形，其精者几与玉琢细器无异，与乾隆御窑后先媲美，殆于异曲同工。自明迄清初，仿定之品亦足为世重，乾隆后则无复仿者矣。章龙泉窑亦多花纹，其可贵逊于粉定一等。明清仿者价亦视代之远近为差。耀窑间有黑花者，但不甚为世所重，至紫花宋瓷暨有红绿花彩者，殆如威凤祥麟，不易一见，然亦间有之也。

【解读】

本章讲的是瓷器的装饰技法，第一段先大略概述了装饰技法的历史。总结起来，瓷器的装饰技法包括刻花、划花、印花、剔花、堆花等多种。文中说瓷器上有花纹从宋代开始流行，实际上，从瓷器诞生的汉代起，这些装饰技法就一直伴随着瓷器的发展。宋代定窑白瓷多采用刻花、印花和划花进行装饰，其中，北宋早期以划花、刻花为主，北宋中晚期以印花为主，此为定窑瓷器的一大特色。同时代的耀州窑、磁州窑也都模仿定窑瓷器进行装饰。其纹饰有盘螭、飞凤、牡丹、萱草等，其中精致的与精工细雕的玉器差不多。明代到清初也有仿定窑的瓷器，非常为世人重视，乾隆以后就再没有仿制的了。章龙泉窑瓷器也多有花纹，比粉定瓷器稍逊一筹。明清时期的龙泉窑仿品价格依年代远近而有所差别。耀州窑瓷器偶有带黑色花纹的，但是不太为世人重视。至于宋瓷而有红绿花彩的，几乎是凤毛麟角，难得一见了。

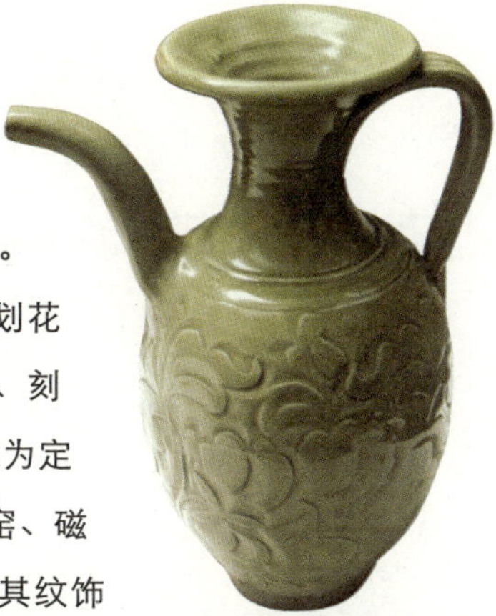

耀州窑青釉刻花注子（北宋）

定窑、章龙泉窑之花皆雕花也。定雕较深，章雕较浅，然亦有种种名目之殊。有平雕，谓花纹与地平，釉罩其上，扪之不觉也。有凸雕，谓花皆阳文凸起也。有凹雕，谓花皆阴文凹入也。凹雕亦名划花，凸雕亦名法花，平雕亦名暗花。

《博物要览》谓："定器有划花、绣花、印花三种，划花者最佳，绣花者次之。"可见当时制作之盛矣。划花用刀刻，绣花用针刺，印花用版印，更有锥花，乃用锥尖凿成花纹。又有堆花，以笔揞粉成凸堆形。堆花又名填白。绣花、锥花二种，后世罕有仿者。

【解读】

宋代定窑和章龙泉窑的纹饰都属雕花，定窑雕得较深，龙泉窑雕得较浅，其中还有各种名目的不同。有一种平雕，花纹与地相平，上面罩釉，摸上去感觉不到花纹，又叫"暗花"。凸雕，即花纹凸起，又叫"法花"。还有凹雕，花纹都是凹入的阴文，又叫"划花"。《博物要览》中说定窑有划花、绣花、印花三种装饰技法，以划花最佳。划花是用刀刻的，绣花是用针刺成，而印花是用雕好的模版印上去的。还有用锥子尖凿成花纹的"锥花"，以及用笔将粉堆成凸起图案的"堆花"，又叫"填白"。绣花和锥花后世很少有仿制品。

定窑白釉划花莲瓣纹盖罐（宋）

法花之品萌芽于元，盛行于明，大抵皆北方之窑，蒲州一带所出者最佳。蓝如深色宝石之蓝，紫如深色紫晶之紫，黄如透亮之金珀，其花以生物花草为多。平阳、霍州所出者，其胎半属瓦质，蓝略发紫，绿略发黑，殆非精品。西安、河南所出者，较平阳、霍州略为鲜亮，盖属瓷胎也。至清初始有景德仿造，则纯是玻璃釉，花既玲珑，地尤细净，人物众兽，毫发毕现矣。雍正以后，间有仿造，已失良工，故乾窑虽精，亦趋入雕瓷一途，罕见法花之制，其他更无论矣。

【解读】

法花，又名“法华”、“珐花”、“珐华”，最早是一种陶胎彩器，是在琉璃的基础上发展起来的釉陶器。法花最初萌芽于元代，盛行于明代北方的蒲州一带。法花器的装饰方法是在陶胎表面上用特别的带管的泥浆袋，勾勒成凸线的纹饰轮廓，然后分别以黄、绿、紫釉料填出底子和花纹色彩，入窑烧成。就如文中所说，法花器蓝色像蓝宝石，紫

仿法华釉折枝花卉纹瓶（明）

色像紫水晶，黄色像金珀，色彩华丽，造型活泼，十分受人喜爱。明代和清初的景德镇窑都曾仿制法花，不过将陶胎换为瓷胎，罩透明釉，胎地细腻匀净，图案玲珑精巧，人物鸟兽都毫发毕现。雍正以后，虽然偶有仿造，但是已经没有技艺高超的工匠了。乾隆时期所制虽然精美，但已经归入雕瓷的范畴。

明瓷花样，绘事亦既争妍斗巧，观朱琰《陶说》所载不下百余种，书不胜书。兹但就其创始特别之点，纪载一二，亦足见前代美术之一斑焉。

宣窑之美，为有明一代冠。不但宣红、宣黄，彪炳奕叶已也，即青花、五彩各器亦发明极多，咸为后代所祖。如“轻罗小扇扑流萤”等画诗句入瓷，实开其先。若海兽、人物靶杯，亦极奇肆可喜。至于漏空花纹填五彩，又五彩实填花纹，皆绚艳悦目。又有蓝地填画五彩者，则夹彩之制盛兴矣。戗金之制亦始宣德。吴梅村有《戗金蟋蟀盘歌》，可知当时瓷业美术之发达，震古铄今也。

【解读】

作者认为，明代瓷器装饰花样争奇斗艳，种类繁多，不及一一记述，所以就选其中具有创始意义的品种记载几则。

明代宣德年间官窑瓷器的精美可谓冠绝明代。不仅宣红、宣黄光耀后世，就是青花、五彩等各种瓷器也有很多首创，被后世所效法。比如将书画、诗句画在瓷器上，就是开先河之举。又如海兽图案和人物图案的靶杯，也都奇特恣肆，令人喜爱。至于漏空花纹填五彩、五彩实填花纹，都绚丽悦目。还有蓝地填画五彩的瓷器，夹彩就是由此兴盛起来的。戗金也始于宣德年间，明代文人吴伟业还作过《戗金蟋蟀盆歌》。可见当时瓷器美术的发达。

青花海兽纹葫芦瓶（明 宣德）

鸡缸始于成化，画石山、牡丹，下有子母鸡，跃跃欲动，小儿扬袂其侧，又器之中心，往往绘和、合二仙也。《高江村集》有《成窑鸡缸歌》。此后乾、嘉、道历朝均有鸡缸之制，款称“仿古成化”云。今日乾隆之鸡缸亦已珍同拱璧，若成化者，又在景星庆云之列，莫之或觏矣。

【解读】

鸡缸杯创烧于明代成化官窑，是皇室专用的酒杯，造型为敞

斗彩鸡缸杯（明 成化）

口，浅腹，卧足。杯身以斗彩描绘山石、牡丹，下绘有母鸡带着几只小鸡觅食的温馨画面，姿态栩栩如生。胎体轻薄，胎质洁白细腻，纹饰美，画技高，颜色柔和悦目，画面生动而富于稚趣。《陶说》载："成窑以五彩为最，酒杯以鸡缸为最，神宗时尚食御前，成杯一双，值钱十万。"可见在当时鸡缸杯在成化朝一百年后，已经价值不菲。清代康熙、乾隆、嘉庆、道光各朝均有鸡缸杯的仿制品，其中以康熙年间所制最精，器形、绘画几可乱真。文中提到，在作者的时代（20 世纪初），乾隆年间的仿成化鸡缸杯就已经"珍同拱璧"，而真正的成化鸡缸杯更是难得一见。2014 年 4 月 8 日，一只明成化斗彩鸡缸杯在香港苏富比拍卖会以 2.8124 亿港元的成交价被一位上海收藏家拍得，刷新了中国瓷器的世界拍卖纪录。

嘉靖绘事，喜内外夹花，喜锦地，渐趋于华缛一派。其特色有数种，如外龙凤鸾雀内云龙、外出水龙内狮子花之类，即所谓两面彩也。如海水苍龙捧八卦、天花捧"寿山福海"字。捧字一种，谓花上夹以圆圈，书字其内，此制当兴于是时。清代“万寿无疆”等捧字盘即仿此也。惟清制多捧四字，明制于器中间，多有仅捧一字或“福”或“寿”者。

【解读】

嘉靖年间官窑的彩绘瓷，偏爱内外夹花，偏爱锦地，逐渐趋向华彩繁复。其特色有数种，比如外画龙凤鸾雀、内画云龙纹，以及外画出水龙纹、内画狮子花之类，就是所谓两面彩。还有海水苍龙捧八卦纹、天花捧“寿山福海”字。捧字纹是花纹上有圆圈，字写在圈中，这种写法始于嘉靖时期。清代的“万寿无疆”等捧字盘就是模仿这种写法。清代捧字纹多捧四个字，而明代多只捧一个“福”字或“寿”字。

青花云龙纹盘（明 嘉靖）

明代绘事，人物虽不甚精细，而古趣横溢，俨有武梁画像遗意。若绘仕女，又似古椠之《列女传图》也。成化人物，多半意笔，高古疏宕，纯似程孟阳。若花卉有极整齐者，虽开锦纹夹花之权舆，然色泽深古，一望而知为朱明之物矣。若绘龙凤众兽，则颜色深入釉骨，时露古拙之致，却非庸手所能及。若万历之九龙盘碗、五龙四凤盘等，古泽扑人眉宇，虽俪红妃绿，亦同于夏鼎商彝。

【解读】

明代彩瓷的绘画方面，人物画虽然不太精细，但是充满古意，俨然有山东武梁祠堂汉代画像的风韵。所画的仕女图，就像古代版本的《列女传图》。成化时期的人物多采用写意手法，笔意高

青花人物图盘（明 万历）

古，就像程孟阳的风格。所画花卉有非常整齐的，虽然首创了锦纹夹花的画法，然而色泽深沉古朴，一看就知道是明代的器物。所画龙凤和各种兽类，颜色深入胎骨，不时露出古拙的韵致，不是平庸的画手所能及。万历年间的九龙纹盘碗、五龙四凤盘等，古朴的色泽直扑人面，即使颜色艳丽，整体风格依然如同夏商时期的青铜器一样深沉朴拙。

康熙画笔为清代冠。人物似陈老莲、萧尺木，山水似王石谷、吴墨井，花卉似华秋岳。盖诸老规模沾溉远近故也。雍正花卉纯属恽派，没骨之妙可以上拟徐熙，草虫尤奕奕有神，几于误蝇欲拂，人物山水则稍不如康，然先正典型，犹未之坠。乾隆大兴锦地花，参入泰西界画法，俗谓之规矩花，镂金错采，叹观止焉。人物细微，毫发毕现，翎毛尤极工致，均以古月轩为极，则又与蒋南沙、沈南苹等把臂入林矣。道光精者亦如改七芗、王小梅。此盖一代画笔与一代名手相步趋，故一望其画已知为某朝某代之器也。

【解读】

康熙年间瓷器上的绘画达到了清代的最高水平。人物画近似陈洪绶、萧云从的风格，山水画类似王翚、吴历的手笔，花卉则像华嵒的画风，这是这几位著名画家影响甚广的缘故。雍正时期的花卉画纯属恽寿平一派，而没骨笔法精妙，可向上直追宋代花鸟画家徐熙，画草虫尤其神采奕奕，几乎令人以为是真的蝇虫而去拍拂。此时的人物画和山水画则稍稍逊于康熙时期，不过水准尚在。乾隆年间，锦地花纹大行其道，掺入西方的透视画法，俗称“规矩花”，错彩镂金，令人叹为观止。其人物描绘细致入微，毫发毕现，而鸟雀翎毛尤其精工细致，以古月轩瓷为最佳，与蒋廷锡、沈铨不分高下。道光年间的精品也可与改琦、王素等名家的作品相提并论。

青花喜鹊登梅纹蒜头瓶（清 康熙）

作者总结康、雍、乾、道各朝瓷器绘画的画风与当时著名画家的趋同关系，最后总结道，一个时代的绘画风格往往与一代大师名家的画风相趋近，所以看其画作风格，就知道这是某朝某代的器物了。

乾隆以古月轩声价为最巨。古月轩所绘，乃于极工致中饶极清韵之致，以人物为最难得，即绘杏林春燕，声价亦腾噪寰区；疏柳野凫亦殊绝也。

当时由景镇制胎入京，命如意馆供奉画师绘画于宫中，开炉烘花，或谓曾见有“臣董邦达恭绘”者，然寻其画笔派别，殆出诸蒋延锡、袁江、焦秉贞之流。

【解读】

此节讲的是乾隆年间的古月轩瓷。古月轩泛指清康熙、雍正、乾隆等朝的珐琅彩瓷，其得名说法有几种，一说是宫中有珐琅彩的画师姓胡，“胡”字拆开为古月二字；也有说是宫中有收藏名瓷的房间名叫古月轩。

珐琅彩龙凤纹双联（清 乾隆）

文中讲到，乾隆年间的瓷器以古月轩瓷声价最高。古月轩瓷器的绘画纹样非常精致，而且富有清韵，尤其人物画最为难得，而瓷上所绘杏林春燕、疏柳野鸭等图案，也是声价躁动，殊绝一时。古月轩瓷的瓷胎由景德镇官窑烧制好后运至京城，由如意馆的画师在宫中作画，开设窑炉低温烘烤而成。一件作品要经过数次着色，反复彩烧，稍有不慎便会前功尽弃，因此成品率很低。

绘战争故事者谓之刀马人，无论明清瓷品，皆极为西人所嗜。至挂刀骑马而非战争者，亦准于刀马人之列也。康窑大盘有两阵战争过百人者，尤为奇伟可喜。又有青花加紫，其皿绝大，而仅一人一马者，笔端恣肆，亦非恒品。

【解读】

此节讲的是明清时期彩绘瓷器常见的图案题材“刀马人”。刀马人是以刀（兵器）、马（战马）、人（武士）构成的战争场景，多以《封神榜》、《三国演义》、《隋唐演义》、《水浒传》、《西厢记》等历史故事或传说为题材。后来，只有骑马武士，而非描绘战争场面的图案也列入其中。刀马人图案在明清时期，尤其是

青花刀马人物纹盘（清）

清康熙中期的青花、五彩瓷中被广泛采用，有着浓重的民族风格和民间气息。文中说，康熙时期官窑曾烧制过一种大盘，描绘了双方过百人参与的战争场景，细节描绘工致，笔法潇洒生动，画面宏大壮阔，达到了很高的艺术水平。还有青花加紫（即青花釉里红）的刀马人瓷，器形很大，其上只绘一人一马，笔法豪放，不同凡响。刀马人瓷器很受西方人的欢迎，是清代外销瓷中重要的组成部分，在国外收藏较多。

瓷花之有龙，盖自宋定始。明代绘龙者指不胜屈，大抵龙象至尊，为中国历代以来之古说久矣。近者绘龙瓷品颇为世人所不喜，实则此类微嫌陈俗则有之，若谓龙为有清国徽之故，则殊伧父之见也。

所不喜于龙者，如五彩盘龙之属，无甚特色者，乃嫌陈俗耳。若教子升天之杯，古人且至兴大狱。若九龙、若海水飞狮龙、若龙捧八卦之类，又皆明瓷之卓卓有名者也。康、雍釉里红之品，云龙夭矫，尤以不见全身或兼釉里蓝云者为佳。至乾窑胭脂水、堆料花之龙，亦非恒品。大抵绘龙贵夫特别，若板滞无奇，不外穿云、赶珠之属，则诚不足贵。至出乎习见之外，而戛戛独造者，是又乌能以陈俗目之。

【解读】

青花穿花龙纹渣斗（明）

自瓷器诞生之日起，龙纹就是常见的装饰题材之一。从东汉到隋唐时期，瓷器上的龙多为堆塑、捏塑、印花以及龙首壶等。龙纹常与人物、鸟兽、花纹等堆塑组合使用，具有宗教色彩。而从宋代起，龙凤纹样开始专用于皇家御器，民间禁止使用，龙的形象也变得更加矫健雄奇。所以此节中说龙纹始自宋代的定窑，是不准确的。

元、明、清三代，绘有龙纹的瓷器数不胜数。明代龙纹显得刚烈凶猛，极具威严，带有浓重的皇家气息。清代瓷器上的龙纹则逐渐趋于端庄、秀美。作者认为，清末以来的龙纹瓷器不受世人喜爱，主要原因是显得陈旧庸俗，尤其是五彩盘龙之类，毫无特色。而如九龙纹、海水飞狮龙纹、龙捧八卦纹之类，是明代瓷器中卓越高超、久负盛名的佳品。康、雍时期的釉里红瓷，云龙身形矫健，尤其以不见全身的或兼有釉里蓝云纹的为佳。另外，乾隆时期的胭脂水堆料花龙纹也不同凡俗。所以说，龙纹贵在特别，如果神态呆板、笔法滞涩，构图无非穿云、赶珠之类，就实在没有什么可珍贵的了。但如果真有不同寻常、别出心裁之作，又怎么会被看作是陈俗凡品呢？

绘小儿游戏之画亦自明始，谓之耍娃娃，有五子、有八子、有九子、有十六子、有百子。百子之制道光时尤为盛行，近所见百子舞龙灯、十六子在鱼缸边游戏之类，则新制甚夥，殊不足贵。九子穿串枝莲之瓶，若乾窑者，价值殊巨，至五子夺魁或九子夺魁之属，则稍近于平庸矣。

【解读】

此节说，瓷器上儿童游戏题材的绘画始自明代。儿童游戏的图样古代称为“婴戏图”，其实瓷器上的婴戏图最早出现在唐代长沙窑的产品上。宋代磁州窑瓷器釉下彩绘的婴戏图具有很强的表现

粉彩百子大果盘（清 同治）

力，充满生活气息。而明清时期是婴戏图的鼎盛期，从一两个幼童形象发展到百多个幼童，孩童形象天真活泼，嬉戏间表现出祥和欢乐的气氛，象征着多子多福，深受民间喜爱。

百子舞龙灯图案流行于清代晚期和民国时期，是瓷器上的常见纹样，作者认为属于新制较多，不足珍贵。乾隆时期官窑的九子穿串枝莲纹样瓷瓶，价值很高，而五子夺魁、九子夺魁之类的，就近乎平庸了。

绘桃实九颗连带枝叶者，谓之九桃。康窑大瓶，价亦不赀。此后九桃瓶、罐、盘、碗，代有踵作。雍正九桃盘多作豆彩，又兼外绘团鹤者，亦足珍也。又有八桃及二十余桃者。

【解读】

瓷器上绘有连枝带叶的九颗桃子，叫作“九桃纹”。康熙官窑的九桃纹大瓶都价值不菲。此后的九桃纹瓶、罐、盘、碗历代都有烧制。雍正时期的九桃纹瓷盘多采用豆彩，有的外面还绘有团鹤纹，非常珍贵。此外还有绘八桃及二十余桃的产品。

粉彩九桃天球瓶（清 乾隆）

过枝花杯、碗雅称隽品。过枝者，自彼面达于此面，枝叶连属之谓也。成化开其先，雍正继其轨。雍窑多画翠竹、碧桃，又有兼绘采凤者。至道光时，盛行过枝癞瓜及过枝葡萄，雍窑已多逊色，然较胜于寻常绘花卉者。

【解读】

过枝花的瓷杯和瓷碗称得上是精品。所谓过枝，就是指器物内壁与外壁、器盖与器身的纹饰相连成一体，就像枝叶越过墙头。这种纹样始自明代成化年间，清雍正官窑得以继承发展。雍正时期的过枝纹多画翠竹、碧桃、彩凤，道光时则盛行过枝癞瓜和过枝葡萄纹，比雍正时期的已经逊色得多，不过还是胜过绘制寻常花卉的产品。

粉彩过枝癞瓜纹碗（清）
（图片提供：微图）

耕织图为康熙官窑精品，兼有御制诗，楷亦精美，声价殆侔于鸡缸也。若乾隆之绘田家乐者，亦犹耕织遗意。又有渔家乐兼绘仕女者，则不禁诵渔洋“青荷中妇镜，黄竹女儿箱”之句，为之神往不置。

【解读】

绘有耕织图的瓷器是清康熙官窑的精品，图边书写御制诗，楷书也很精致美观，其价值几乎与鸡缸杯相等。乾隆时期绘有田家乐图案的瓷器，继承了前代耕织图的遗风。还有渔家乐纹样兼绘仕女图的，令人不禁吟诵起王渔洋“青荷中妇镜，黄竹女儿箱”的诗句，并为之神往不已。

康熙帝命宫廷画家焦秉贞仿照南宋《耕织图》绘制《御制耕织全图》，并亲撰序文，于每图上亲笔题写七言诗。之后雍正、乾隆、嘉庆、光绪几代帝王都以皇室名义摹绘或修订《耕织图》，以示对农业的重视。《御制耕织全图》刊行之后，官窑烧制耕织图瓷器，耕织图纹饰逐渐成为清代瓷器的传统纹样，“农家乐”、“渔家乐”等纹饰也由此衍生而来。

青花耕织图碗（清 康熙）

康、雍瓷品所绘八仙带有水波纹者，吕洞宾旁立一人，头戴柳枝，状殊怪异，俗谓之柳树精。乾、道诸窑仿者亦同斯制。若八仙而无水波纹，配以他景者，则不带柳树精也。又康窑八仙盘具，其中必兼绘南极老人及麻姑、童子、仙鹿，亦有但绘南极、童子等而不绘麻姑者。

【解读】

康熙、雍正时所制的八仙图案瓷器中，有带有水波纹的，吕洞宾旁边站着一个头戴柳枝的人，姿态非常怪异，俗称“柳树精”。乾隆、道光时期的官窑仿制品也都与此相同。如果八仙图案不带有水波纹，而配以其他景物的，则没有柳树精。此外，康熙官窑的八仙图案瓷盘，图中必然加绘南极仙翁和麻姑、仙童、仙鹿，但也有只画南极仙翁和童子而不画麻姑的。

青花八仙人物图罐（明 成化）

八仙指中国道教传说中的汉钟离、吕洞宾、铁拐李、曹国舅、蓝采和、张果老、韩湘子、何仙姑八位神仙。八仙图案是祝寿常用的主题，流行于明代嘉靖年间以后，一直风行到民国时期，寓意健康长寿。文中后面提到的南极老人，又称“南极仙翁”，就是道教传说“福、禄、寿”三星中最有名的寿星，形象是一位鹤发童颜、精神矍铄的老翁，前额突出，慈眉善目，手捧仙桃，身边常有随侍的仙童和坐骑梅花鹿。麻姑也来自道教传说，是一位女仙，曾于三月初三王母寿辰之日以灵芝酿酒为王母祝寿。八仙过海、南极仙翁和麻姑献寿都具有祝愿长寿的寓意，所以人们常将三者放在同一画面中。

十二肖生之物以入瓷画者，乾隆、道光均有之。乾隆瓷灯有锦地开光三圆幅，每幅绘生物二者，配景楚楚，殊有新趣。灯一对则十二生物适齐矣。康熙十二月花卉酒杯，每花各配以一生物，然是等生物又不按地支生肖者也。

【解读】

把十二生肖的动物画入纹样的瓷器，乾隆、道光年间都有。乾隆时期的瓷灯在锦地上有三幅圆形开光，每幅中画两种生肖动物，搭配风景，画面鲜明整齐，颇有新意。这样的瓷灯是成对的，十二生肖就能齐备了。康熙官窑有一种十二月花卉图案酒杯，每只瓷杯上画一种花卉，再配以一种动物，不过动物并没有按照十二地支生肖来安排了。

斗彩十二月花杯（清 康熙）

文中提到的十二月花卉酒杯是清代康熙官窑瓷器中的名品，又称“十二月花神杯”，有青花、斗彩等品种，光绪朝、民国时期及现代均有仿制。根据传统花朝节的传说，选取百花中代表农历十二个月份的月令花卉，每个杯子上画一种花，腹壁一面绘画，另一面题诗。花卉分别为：一月水仙、二月迎春花、三月桃花、四月牡丹、五月石榴、六月莲花、七月兰花、八月桂花、九月菊花、十月芙蓉花、十一月月季花及十二月梅花。

瓷品满画花朵，种种色色，形状不一者，谓之万花。以黑地者为最贵，即白地者亦可珍，若中有五蝠者，则乾隆五福堂物也。虽嘉、道仿制之品，价值亦巨，花之形状、大小、偏反各尽其致。繁密之极，盖几不见有地矣。

金地粉彩万花纹盘（清 光绪）

【解读】

瓷器上画满花朵图案，形形色色，形状不一，称作“万花纹”，以黑色地的为最贵重，白色地的也很珍贵。其中如果有五只蝙蝠图案的，就是乾隆时“五福堂”的瓷器。即使是嘉庆、道光时的仿制品，价值也很高。其中花朵的形状、大小、偏侧，都各尽其妙。画面非常繁密，到了几乎看不到色地的程度。

瓷器上的万花纹又叫“百花纹”，始见于清乾隆时期的官窑粉彩瓷器，在乾隆、嘉庆时期十分流行。其图案多以牡丹为主，同时绘有菊花、茶花、月季花、荷花、百合花、牵牛花等多种花卉。正如作者所说，花朵图案繁密，不见地色，俗称“百花不露地”。

嘉、道之间所画楼台之画，书有地名者，大约绘西湖景为多，绘庐山十景者亦有之。至有绘海珠景者，乃粤人向景德镇窑定制之品，而非出于广窑所自制也。又有羊城八景之类亦然。

【解读】

清朝嘉庆和道光年间官窑瓷器上所画的楼台，写有地名的，以西湖景色为多，也有画庐山十景的。至于画广州海珠景物的，是广东人向景德镇窑定制的产品，而不是出自广窑自制。还有羊城八景之类的产品，也是如此。

青花西湖景色图瓶（清 康熙）

明瓷之画也，用笔粗疏而古气横溢，且有奇趣。其地之色釉浓厚深穆，却非后来所有。康熙画花于肆寡之中而行其缜密，于工致之中而寓其高古。雍正则逸丽而秀倩。若乾隆则繁密富丽之极，而时露清气，其颜料之色泽又一代有一代之特色，而不容以相掩。要而言之，皆非后来所及而已。

【解读】

此节是“说花绘”一章的最后一节，总结了作者眼中瓷器彩绘水平最高的四个时期，即明代及清代的康熙、雍正、乾隆时期瓷器绘画的特点。明代瓷器的绘画用笔粗疏，充满古朴的气韵，富有奇趣。其作为底色的颜色釉十分浓厚深沉，为后来者所不能及。清康熙时期的瓷器绘画，在豪放恣肆之中又有缜密，在精工细致之中蕴藏高古之意。雍正时期的瓷器绘画的风格则逸丽秀美。乾隆时期则变得繁密富丽，达到极点，而其中又时常露出清新的气息。瓷器彩绘颜料的色泽，又一代有一代的特色，不能相互掩盖。总而言之，这几个时期彩绘瓷器的艺术水平都是后代所不能及的。

五彩草虫图盘（清 雍正）

说款识第六

瓷皿有款肇始于宋。宋瓷有“内府”二字者，书法与大观钱相类。闲有“政和年制”字样者。至均窑底内有一、二、三、四、五、六等数目字，或谓红朱色者用单数，青蓝色者用双数。于花盆则然，余器则不尽然也。又均窑器底有横镌数字、直镌数字，上罩以芝麻酱釉者，尤为希世之珍。

元瓷款识，惟官窑有“枢府”二字款，其余民窑底有字者甚少，纵有字亦不挂釉，在器底随意刓成，若可识不可识之间。刓成花纹及辘轳形者，亦间有之。

明代瓷品款识，盖有种种，有凹雕款字而挂以黑釉者，有印花者，有绘花者，有雕花者，最奇者以永乐窑底绘狮子滚球，球内藏款字至为罕觏。其次则嘉靖官窑，底款有书作环形者。又有于器之中心书字者，亦殊特别。若底之螺旋纹，乃当时制器手法之事，与款识固无涉耳。

明代官窑题“某某年造”字样，亦有用“制”字者，清代则概用“制”字，罕见有用“造”字。题款位置，以在底足内居中者为最普通。若高足者，或题于足内层之边际，亦有题于足外层边际者，盖皆横款也。又有题于口上或腰腹际者，亦属横款。横款最为珍罕，始于明代，至清嘉庆而遂替矣。

【解读】

瓷器的款识，指刻、划、印、写在瓷器身上，记录器物制作年代、产地、工匠等信息的文字或符号。瓷器上有款始于宋代，如“内府”、“政和年制”等字款。此外，宋代钧窑瓷器的底上落有“一、二、三、四、五、六”等数字。元代的瓷器中，除官窑瓷有“枢府”两字款外，民窑大都不落款。而且，元瓷上绝无年号款。

明代青釉花口盘底款

明清时期，随着景德镇官窑的建立和发展，瓷器上的款识趋于系统化、规范化。明代瓷器的落款形式有凹雕款字、印花、绘花、雕花款识等。有一种永乐窑瓷器，其底上绘有狮子滚绣球图案，而图案中藏有款字，十分罕见。明瓷款字多为“某某年造”，用“制”字极少，而清代概用“制”字，因“造”与“肇”相通，清人为避讳清帝之姓而绝少有用“造”字的。明代官窑瓷题款的位置以底足内居中最为普遍。高足的瓷器，则有的题在底足内层的边缘，有的题于底足外层边缘，都是横款。还有题于口部或者腰腹部的，也是横款。横款最为罕见，始于明代，到清代嘉庆以后就逐渐减少了。

有清瓷品之最高贵者，厥惟料款。料款有两种，曰某某年制，曰某朝御制，大抵皆四字为多，间有六字，书法似欧、王，间亦有似虞永兴及宋椠者，有竟作宋体书者。乾隆末叶，间有作铁线篆者。

凡料款之字皆釉汁凸起，双圈方边，至为名贵。康、雍、乾、嘉四朝皆有之，嘉庆已极罕，道光殆未之有矣。

古月轩彩为有清一代最珍贵之品，价值奇巨，而同时仿者值亦相等也。古月轩为内府之轩名，当时选最精画手为之绘器，所绘有题句，上下有胭脂水印章，引首印一文，曰佳丽或曰先春，下方印二文，曰金成、曰旭映，大抵即绘画之人名欤？

当时所制不多，同时即须饬工仿制，故仿古月轩彩者，亦系乾隆之物，其价略与之相埒。若直书“古月轩”三字者，乃属后来伪制，而近亦罕见，故精者亦颇不赀也。

【解读】

清代瓷器中最为高雅贵重的要算堆料款瓷品了。堆料款有两种，一种写“某某年制”，一种写“某朝御制”，大多为四个字，偶尔也有六个字的；书法近似欧阳询、王羲之，也有近似虞永兴或者宋椠的，有的还写宋体字。乾隆末年，偶尔有铁线篆字体的题款。

堆料款题写的字款都是釉汁凸起，双圈方边，极为名贵。康熙、雍正、乾隆、嘉庆四朝都有此类制品，嘉庆时期已经很少见，道光时期几乎都没有了。

古月轩款的彩绘瓷是清代最珍贵的品种，价值奇高。所谓古月轩，是宫内一处轩名。当时最优秀的画家来为其绘画瓷器，所绘内容有题写文句，上下有胭脂水的印章，文句之首的印文有“佳丽”、“先春”，而下方两方印文是“金成”、“旭映”，大概是绘画者的姓名。当时的古月轩彩瓷制品不多，同时又命工匠仿制，所以仿古月轩的瓷器也就是乾隆时期的制品，其价值与原作相当。而直书“古月轩”三个字的题款，则属于后来的仿品，近来也很少见，其中的精品价值也很高。

辨款识之是非，以定瓷品之新旧，此仅鉴别之一端，似可凭而不尽可凭也。官窑无款而客货有款，此历朝所恒有，且新制之字有极工，而旧制有极率者。至近年仿乾隆之品，字之整齐工雅，殆不止十得七八，故但凭是以判断，往往有毫厘千里之差。

【解读】

通过辨别瓷器款识的真与假，来判定瓷器的新与旧，这只是鉴别方式的一种，看似可以凭信，但是也不可尽信。官窑瓷器无款，而民窑瓷器有款，这是历朝常有的事，并且新制品的款字有的写得极为工整，而古旧瓷器的款字也有写得极为草率的。近年来的仿乾隆制品，款识字体的整齐工雅，与原品几乎不止七八分相似，所以如果单凭款识来判断新旧，往往会差之毫厘，谬以千里。

顺治仅一度开窑烧瓷，故顺治瓷品极少，有之则楷书也。

【解读】

顺治年间，清朝朝廷刚刚进北京，社会初定，百废待兴，政局尚未完全安定下来，景德镇御窑厂也尚未全面恢复生产。在顺治朝18年中，官窑生产时烧时停，所以官窑瓷器并不多见。作者提到，顺治朝瓷器的款识都是楷书所写。

酱色釉暗花龙纹盘（清 顺治）

康熙一代款识形式最夥，兹汇录之如下：

单圈、双圈、无圈阑、双边正方形、双边长方形、凸雕、凹雕、地挂白釉字挂黑釉、地与字统挂一色釉、白地写蓝字、白地写红字、绿地写红字、楷书、篆书、半行楷、虞永兴体、宋椠体、欧王体、六字分两行每行三字、六字分三行每行二字、四字分两行省去“大清”二字、红紫色款、天青色款、湖水色款、沙底不挂釉而凹雕天字、方阑内不可识之字、满清文、回回文、喇嘛文（以上为有字者）。

双圈、秋叶、梅花、团龙、团鹤、团螭、花形、物形、完全无字（以上为无字者）。

有书“景镇康熙年制”六字者，康窑之客货也。

用“景镇”二字，雍、乾以下殆未之见矣。

雍正一代形式较之康熙为少，然亦递变屡易也，缀录如左：

六字双圈、四字无边阑、四字方边、六字凹雕、四字凹雕、六字单圈、双边正方形、双边长方形、地挂白釉字挂黑釉、地与字统挂一色釉、白地写红字、白地写蓝字、楷书、篆书、虞永兴体、宋椠体、图书款、方栏内不可识之字、满清文、回回文、喇嘛文（以上为有字者）。

花形、物形、完全无字（以上为无字者）。

雍正之无字者，除双圈、秋叶、团龙、团鹤、团螭外，其余大抵与康制不甚相远。盖花形、物形皆承明代之旧派也。康熙、雍正皆曾禁用款字，未几旋复用焉。

康熙、雍正又多不书本朝代款，而书明代款者。康书宣德者为多，雍书成化者为多。盖宣、成为明代瓷品最盛之时期，而清初所制犹以之为轨范也。

雍正外脂水内粉彩之杯，花绘极细，其底画一桃形，内藏“雍正年制”四字。盖沿明花藏款字之法也，在清代瓷品亦为罕见。

乾隆朝之款识又微有小异，述之如左：

六字双圈、六字单圈、六字无边阑、四字无边阑、四字方边、双线正方形、凹雕、地与字统挂一色釉、白地蓝字、白地红字、绿地红字、绿地黑字、楷书、篆书、欧王体、宋椠体、宋体书、图书款、沙底不挂釉凹雕、满清文、回回文、喇嘛文、西洋文（以上有字者）。

印花、团花、完全无字（以上无字者）。

【解读】

以上几段总结了康熙、雍正、乾隆年间瓷器款识的种类和形式。其中，康熙时期瓷器的款识形式最为丰富。

作者特别提到，写“景镇康熙年制”六字款的瓷器，是康熙时期的民窑产品，而“景镇”二字，雍正、乾隆之后就再未见过。

青花蝙蝠纹盘的“大清雍正年制”底款

还有雍正官窑有一种外面为胭脂水釉、里面为粉彩的瓷杯，画工很细致，底部画一桃形，图案里藏有“雍正年制”四字。这是沿袭了明代在花纹中暗藏款字的做法，在清代瓷品中十分罕见。

方圈内不可识之字者，非字也，亦非回回、喇嘛、西洋等文也，乃一种花押之类耳。此制明代有之，故康、雍亦有仿者。

【解读】

在方形的圈里书写的无法识别的字，其实并不是文字，也不是回回文、喇嘛文或西洋文字，而是一种花押之类的符号。这种款识从明代就有，所以康熙、雍正年间也有仿制的。

嘉、道以后，大率沿前朝诸式，有减而无增，渐有趋于一致之势。间有楷书，即前所云六字分两行、分三行二种也。至四字楷书，省去大清二字者，嘉道甚为罕见，惟篆书有之耳。篆书之款，自乾隆至同治均居其大部分。篆书有两种，一种无边阑，字或红或蓝不等；一种有双边，红字居多，即俗所谓图书款也。

图书款以道光末年暨咸、同间为最盛行，鄙见所雅不喜。间有雍正、乾隆款者，虽不敢谓其必无，然属于赝鼎者殆八九也。

同治一朝，流行客货，凡篆书者几无不图书款，且省去“大清”二字为尤多。

就大概而论，康、雍两朝为楷书盛行时期，篆书者偶或一见。自嘉庆至同治为篆书盛行时期，而楷书亦偶一见也。乾隆篆、楷兼有，而篆究多于楷。至光、宣二代，除仿古外，则又楷多于篆矣。

【解读】

嘉庆、道光之后的瓷器，款识大都沿袭前代的各种样式，有减少而没有增加，逐渐有趋于一致的趋势。其中有楷书，就是前面所说的六字分两行、分三行两种。省去“大清”二字的四字楷书款，嘉庆、道光年间非常少见，只有篆书款有这样写的。篆书的款识，从乾隆到同治年间占绝大部分。篆书有两种，一种是没有边栏，字为红色或蓝色；另一种是有双边，红字居多，就是俗称的“图书款”。

黄釉绿彩云龙纹碗
（清 道光）

图书款在道光末年到咸丰、同治年间最为盛行，而作者最不喜欢。偶尔有雍正、乾隆年款的，恐怕十有八九是赝品。

同治时期，民窑产品十分流行，凡是写篆书的几乎都是图书款，而且省去“大清”二字的尤其多。

从总体而言，康熙、雍正两朝是瓷器上楷书款盛行的时期，篆书款偶有一见。嘉庆到同治年间，篆书款盛行，而楷书款偶有一见。乾隆时期篆书和楷书都有，而前者稍多一些。光绪、宣统两代，除了仿古瓷器以外，楷书款又多于篆书款了。

瓷品有但书大清年制，不书何朝号者，乃同、光间肃顺当国时所制品也。当时肃顺势焰熏天，将有非常之举，监督官窑者虑旦夕有改元事，故阙朝号以媚肃顺。物虽近代，而有一段故实，亦瓷学家所不可不知。

【解读】

清代瓷器的款识有只写“大清年制”，而不写朝代年号的，是同治、光绪年间权臣肃顺掌权时期的制品。当时肃顺权势很大，气焰熏天，马上就有可能发动政变，监督官窑烧造的官员担心随时有改朝换代的事发生，所以在烧造的瓷器款识上空缺了朝代年号，以向肃顺献媚。器物虽然是比较晚近的作品，但是其中有一段典故，瓷学专家不可不知。

瓷款之堂名、斋名者，大抵皆用楷书。制品之人有四类：一为帝王，一为亲贵，一为名士而达官者，一为雅匠良工也。

有清仁庙、纯庙两代君主，好讲理学，故所命堂名多理学语。康熙则有乾惕斋、中和堂。乾隆则有静镜、养和、敬慎诸堂，皆内府堂名也。由是亲贵诸王亦趋重于理学，成为风气。如拙存斋、绍闻堂在康熙间，敬畏堂、正谊书屋在雍乾间，宁静、宁晋、宁远、德诚诸斋在乾嘉间，慎德堂、植本堂、有恒堂均在嘉道间，大抵多属亲贵诸王之制品。

若不以理学语名者，乾隆有彩华、彩秀二堂，皆内府物也。雍正为东园、文石山房，雍乾间为红荔山房，乾隆为友棠、浴砚书屋、瑶华道人。道光为十砚斋、嶰竹主人、文甫珍玩，大抵皆亲贵也。若名士而达官者，则乾隆时之雅雨堂制，卢雅雨故物也；玉杯书屋者，董蔗林也；听松庐者，张南山也。雅匠名工则有宝啬斋、有陈国治、有王炳荣、有李裕元。

【解读】

以上几节讲的是瓷器款识中的堂名款、斋名款，即将住所或书房名称刻印在订制的瓷器上，作为私人用瓷或藏瓷的标志，其内容有堂名、室名、斋名、轩名、殿名、书房名、馆名等。堂名款最早出现在宋代，明代嘉靖年间开始流行，至清代前期、中期非常普遍。文中写道，堂名款、斋名款文字大都用楷书，制作这类瓷器的有四类人，一是帝王，二是亲贵，三是高官名士，四是制瓷工匠。

“中和堂”款青花釉里红盘（清 康熙）

“退思堂”款斗彩缠枝莲纹碗（清 道光）

清代康熙、乾隆两位皇帝喜好讲论理学，所以他们所命的堂名款多为理学词语。如康熙时期的乾惕斋、中和堂，乾隆时期的静镜堂、养和堂、敬慎堂等，都是皇宫内廷的堂名。当时的贵族和诸王也都重视理学，蔚然成风，比如康熙时期的拙存斋、绍闻堂，雍正、乾隆年间的敬畏堂、正谊书屋，乾隆到嘉庆年间的宁静斋、宁晋斋、宁远斋、德诚斋，嘉庆至道光年间的慎德堂、植本堂、有恒堂等，都是诸王亲贵所定制的瓷器款名。

还有不是以理学用语命名的堂名款，乾隆时期的彩华堂、彩秀堂，也都是皇宫内府的制品。还有雍正时期的东园、文石山房，雍正、乾隆年间的红荔山房，乾隆年间的友棠、浴砚书屋、瑶华道人，道光年间的十砚斋、㠘竹主人、文甫珍玩等，这些大都是皇亲贵戚所定制瓷品的堂名款。还有名士和高官所定制的，如乾隆时的两淮盐运使卢雅雨的雅雨堂，名士董蔗林的玉杯书屋，诗人张南山的听松庐等堂名款。能工巧匠所制的则有宝啬斋、陈国治、王炳荣、李裕元等款。

榷陶者即唐英，即著《窑器肆考》之唐俊公也。亦有题“唐英”款，下钤“榷陶”二字印章者。

【解读】

清代瓷器上有“榷陶使者”款的，“榷”是征用之意，“榷陶使者”指乾隆年间的督陶官唐英。唐英（1682—1756），字俊

唐英款粉彩人物图笔筒（清 乾隆）

公，沈阳人，隶汉军正白旗，历任淮关、九江关、粤海关监督以及督陶使。他能文善画，兼善书法篆刻，又精通制瓷。唐英在担任督陶官期间潜心钻研陶瓷烧造技艺，并且身体力行，所出器皿皆为名品，影响深远，世称“唐窑”。他不但亲身参加制陶实践，还对制陶理论及时进行总结，先后写下了《陶冶图说》、《窑器肆考》等著作。这些著作早已成为研究景德镇制陶史和唐英的宝贵资料。唐英在瓷器上所书具的款识除唐英、榷陶使者、俊公外，还有俊公氏、隽公、叔子、蜗寄、蜗寄老人、陶成居士、沐斋居士、陶人等。

亲贵中雅制之品，以慎德、绍闻、嶰竹为最有名。余则东园、文石、瑶华、十砚、红荔等，亦堪珍玩也。慎德瓶类近极罕见，有之则价值甚昂。绍闻、嶰竹皆以杯、盘、盂、碗等类为多。

【解读】

皇亲贵族定制瓷品的款识中，以“慎德堂”款、“绍闻堂”款、“嶰竹主人”款最为有名。其余还有“东园堂”款、“文石山房”款、“瑶华堂”款、“十砚斋”款、“红荔山房”款等，也都是值得珍藏的作品。“慎德堂”款的瓷瓶近来极为罕见，有则价值极高。“绍闻堂”和“嶰竹主人”款瓷器以杯、盘、盂、碗这一类的器物居多。

称堂、称斋者，帝王、亲贵、达官、名匠皆有之。若称书屋、山房者，称珍藏、珍玩、雅制、雅玩者，亲贵、达宦有之，而帝王无是也。故此类款，概谓之私家款。

"晓岚雅制"之品，字作四五分大楷，分列上下左右，以四圆圈围之，绿地开光红字，概无花绘，质极莹润，似乾、嘉间物，骤睹之，几疑为纪晓岚制也。及阅底，多有同治年款，不禁嗒然。

【解读】

在定制瓷器的款识中称"堂"或"斋"的，帝王、亲贵、达官、名匠都有。而称"书屋"、"山房"的，以及称"珍藏"、"珍玩"、"雅制"、"雅玩"的，则有亲贵和高官，而没有帝王。因此，这类款识叫作"私家款"。

"晓岚雅制"款，字体为四五分的大楷，分列在上下左右，用四个圆圈围起来，绿地开光上写红字，没有彩绘图案。其质地极为晶莹润泽，很像乾隆、嘉庆年间的产物，骤然一看，往往以为是纪晓岚所定制的瓷器。但是看到底部，多有同治年款，令人不禁失望。

大雅斋者，清孝钦后所制品也。以豆青地、黑线双钩花者为最多，五彩者亦有之。所绘多牡丹、萱花、绣球之属。豆青地者，横题“大雅斋”三字，旁有“天地一家春”印章，底有“永庆长春”四字，亦有“大雅斋”字在底者，虽甚近代而值亦颇昂。

【解读】

“大雅斋”款粉彩荷花鹭鸶纹捧盒（清 光绪）

“大雅斋”款瓷器，烧制于清光绪元年到光绪二年（1875—1876），是慈禧太后专用的瓷器制品，多以豆青色为地，画黑线双钩花纹，也有五彩制品。图案以牡丹、萱花、绣球之类居多，画风细柔，图案精巧，艺术价值非常高。器物上边多有“天地一家春”以及“大雅斋”的款识，以及“永庆升平”、“永庆长春”等闲章。“天地一家春”本是圆明园内的一处建筑的名称，“大雅斋”位于“天地一家春”的西间，是慈禧太后绘画习字的画室。“大雅斋”瓷器的造型有盘、碗、盒、花盆、大缸等。

康、雍、乾三朝但绘画不题字之品为最多，有题字者较少。若题字，必精楷，又以御制诗为至珍贵。其次则长篇成文也。若行草数字，乃客货之随意者，殊不足赏，且所制亦不多。盛时大率无题字者矣。道光画无双谱题识最夥，如画数人物，则每人系以一小传分占其器之半。若楼台景者，又必于其旁书明西湖各地名胜，虽非甚可厌，比较为差矣。若同、光间客货之粗者，辄题行章短句，至可憎恶。而近年所作各器，又必无题字，颇合于有清盛时矩镬也。

【解读】

康熙、雍正、乾隆三朝的瓷器中，只绘图案而没有题字的最多，而有题字的比较少。如果有题字，必然是精美的楷书，尤以题写御制诗的最为珍贵，其次就是书写长篇完整文章的。如果是题写几行行草，都是民窑中随意的作品，不值得欣赏，而且制作的也不多。

青花红彩御制诗水盂（清 嘉庆）

道光时期画历代名人绣像的“无双谱”瓷器，题写文字最多。如果绘有几个人物，则每个人物都要带有一则小传，分占瓷器表面的一半。如果画的是楼台景物，则必然在旁边写明西湖各地的名胜，相比之下，即使不是特别讨人嫌恶，也是差了一等了。而同治、光绪年间民窑所制的粗劣瓷品，随意题写行章短句，最是讨厌。近年所制的各种瓷器又都没有题字了，颇符合清代全盛时期的规矩了。

粉彩无双谱八棱折腰碗
“嘉庆年制”篆字底款

慎德堂以三字直款者为可贵。款多系抹红色，亦间有描金色。若有题句者，下书一印，作椭圆形，篆“道光”二字。慎德所以鼎鼎有名，盖其瓷质之白，彩画之精，固足颉颃御制也。

【解读】

“慎德堂”是北京西郊的皇家园林圆明园内的一组建筑，建于道光十年（1830），道光帝晚年经常在这里居住，而且于道光三十年驾崩于慎德堂内。“慎德堂”款瓷器是官窑专为道光皇帝烧制的瓷品。其款字

“慎德堂”款粉彩“日日有喜”碗（清道光）

以三个字直书的最为宝贵。款字多为抹红彩书写，也有描金色的。有题写文句的，下面有一印章，为椭圆形篆体的“道光”二字。“慎德堂”款瓷器之所以鼎鼎有名，是因为其瓷质之细白，彩绘书法之精妙，都足以与当时的御制瓷器抗衡。

嶰竹主人亦道光瓷之精者，固以质白画美为其特长，然亦有寻常粗品，若红地双钩画竹之类是也。小杯最精，碗亦不俗，然其所制颇少巨大之品。

嶰竹喜作八宝碎花及团鹤之属。至绘折枝而饶有雅致者，慎德堂当推妙选矣。文甫雅玩之器多画金鱼，乃殊不觉其可喜。

【解读】

文中说，“嶰竹主人”款的瓷器也是道光官窑瓷器中的精品。道光帝即位后，在圆明园内修建了一处江南园林风格的书斋，四周遍植翠竹，取名“嶰竹居”，是他在圆明园内读书、休憩和批阅奏折的地方，道光皇帝也自号“嶰竹主人”。景德镇官窑烧造了许多精美的御用瓷器，供道光帝在嶰竹居内使用，款识为“嶰竹主人造”。“嶰竹主人造”款瓷器多为粉彩瓷，制作精美，胎体细白，釉色润泽，色彩鲜艳。器物造型简练，以盘、碗、碟、杯等小件器最为常见。款识“嶰竹主人造”五字二行单方框红彩款，运笔圆润流畅。

作者提到，“嶰竹主人造”瓷器虽然以瓷质白细、绘画精美为特征，不过其中也有比较平常而粗糙的产品，比如红地双钩画竹图案之类的即是。

“嶰竹主人造”瓷器图案多为八宝碎花纹或团鹤纹之类的吉祥图案。而绘有折枝花果图而富有雅致之趣的，则要首推“慎德堂”款瓷器。道光时的另一种私堂名款“文甫雅玩”瓷器多画金鱼图案，并不特别讨人喜爱。

敬畏堂所制器具，多系豆青一色。彩华、彩秀则雅好作豆彩花。养和堂、静镜堂所绘花鸟有极精者。宁远、宁晋诸斋，“宁”字不避讳，亦在道光以前之一证（道光名旻宁）。其质极润细，而花彩则规矩花、三品球之类为多。宝啬瓷花能独出新意，尤好作堆料也。雅雨堂人物画工一时妙手，骚坛盟主自是不凡。

【解读】

“敬畏堂”款的瓷器是雍正、乾隆时为诸位亲王定制烧造的，多为豆青釉一色。“彩华堂”、“彩秀堂”款的瓷器则多为豆彩瓷。“养和堂”、“静镜堂”款的瓷器所画的花鸟画有的非常精美。“宁

“彩华堂制”款青花加彩小碟（清 乾隆）

远斋”、“宁晋斋”款的瓷器，因其不避道光帝旻宁的名讳，所以应该在道光朝以前。其瓷质非常细润，彩绘图案以规矩花和三品球之类比较多。“宝啬斋”款瓷器的彩绘花纹总能独出新意，而且最喜欢用堆料。“雅雨堂”款瓷器人物画的画工堪称一代妙手，其主人卢雅雨不愧是当时诗坛的领袖，非同一般。

瓷品之有回回、喇嘛、西洋等文者。回回文或于花地开光处书之，或有全体书回回文而不绘花者。喇嘛文多于绘花之上书，即明瓷所谓“花捧真言字”者也；或作圆形，字如八卦之围列。西洋文则于画空隙处书之，或于器底书之。又一种旧洋瓷，表面纯系洋式，器底有华字“某某年制”

者，字作宋体书，亦奇品也。若写洋文款兼有基督纪年者，乃当日舶来流入之品耳。

【解读】

广彩伊斯兰铭文盘
（清 道光）

瓷器上有书写回回文、喇嘛文、西洋文字的。回回文，即古代穆斯林所使用的波斯语文字。瓷器上的回回文有的写在花纹开光处，有的器身全写回回文而不画花纹。喇嘛文即藏语文字。瓷器上的喇嘛文多写在图案纹样之上，即明代瓷器中的“花捧真言字”。也有的喇嘛文写成圆形，就像八卦图一样围成一圈。瓷器上的西洋文字有的写在绘画纹样的空白处，有的写在器物底部。另有一种洋瓷，表面图案完全是西式的，而器底有“某某年制”的汉字，字体为宋体，是非常珍奇的瓷品。如果写有洋文款识，并且标有公元纪年，应该是从国外流入的进口瓷器了。

说瓶罐第七

古人制器载酒，用以飨神。牺尊、象尊，导源至远，此尊之权舆也。尊一变而为瓶，用以插花、清供，殆缘后起。腹口相若者谓之尊，口小腹大者谓之瓶，其后市人任意相呼，瓶与尊遂混而为一矣。袁宏道撰《瓶史》，遂为著录专书，所论以铜器为多，亦兼及瓷制。然其时形式名目犹不若今之纷纭璀璨也。同是一瓶，而形式争奇斗巧，千变万化，稍有差别遂呈异观。故瓶之种种色色最有研究兴味，就不佞所知，缀述于下。虽未堪作《瓶史》之补录，亦颇足窥制作之一斑焉。

【解读】

此节相当于“说瓶罐”一章的小序，介绍了尊和瓶这两种器形的起源和发展。尊，本是古人盛酒祭神的容器。牺尊、象尊等起源很早，西周时期就存在，是尊的雏形。尊在发展过程中变为瓶，用来插花，供人清赏。口部和腹部径围相似的称为“尊”，而口小腹大的称为“瓶”。后来市井中人随意称呼，瓶和尊就混为一谈了。明代文人袁宏道著有《瓶史》，书中所论多为古铜器，也涉及一些瓷器。然而当时瓷瓶、瓷尊的种类和名称都不像现在这样繁多。同是一个瓶子，样式千变万化，细微处稍有差别，就是另一种器形了。因此，作者认为瓷瓶的种类颇具研究的价值与趣味。

太白尊　　太白尊亦名渔父尊，形似渔父之鱼罾，故得名也。底平，腹巨，口小而微哆，项极短而缩。此等尊无巨大者，通体不过数寸耳。以豇豆红色或带苹果绿、苹果青色为多，腹有三团螭暗花，乃浅凹雕也。除康窑外，历朝甚罕仿制，故价值之昂等于拱璧。

【解读】

太白尊是一种文房用具，也是清康熙官窑的典型器物。其主要用途为贮存研墨用的水，因形状模仿唐代诗人李白的酒坛，所以得名“太白尊”。又因其形状类似渔夫抄捕鱼虾所用的罾网，故而也名“渔父尊”。其造型底平，腹部膨大，口小而微微张

豇豆红太白尊（清）

开，颈部极短而收缩。没有形制巨大的太白尊，通体高不过数寸而已，多为豇豆红或带有苹果绿、苹果青色的，腹部多有三个浅刻团螭纹的暗花。除了康熙官窑之外，太白尊在历朝很少有仿制的，所以价值非常高。

观音尊　　有大观音尊、小观音尊两种。大者高二尺余，小者高数寸，口侈，项较短，肩宽博，至胫则以次渐杀，胫及于底，又稍加丰。自肩至胫约占全体五分之三，项与胫相若，口与底相若。此等观音尊以祭红及郎窑最为奇珍。盖郎窑喜制此式也。若康熙青花、五彩亦称殊品。至小观音尊，以苹果绿者为最昂，其余种种花彩均有。

【解读】

观音尊是清康熙年间郎窑创制的一种器形，因器形和观音菩萨手中所持净瓶相近，故而得名。观音尊有大、小之分，大观音尊高二尺有余，小观音尊仅高数寸。造型一般为侈口，颈较短，肩较宽，腹下渐收，至底外撇。观音尊以祭红或郎窑红的最为珍奇，而康熙年间的青花、五彩观音尊也堪称奇品。小观音尊以苹果绿的最为昂贵，其他各种花色的都有。

牛头尊　　牛头尊口稍巨，直下至肩，无项，腹较肩尤巨，至底稍杀。旁有双耳者居多，以其形似牛头故名。大者高二尺余，宽一尺余，小者高亦及尺，巨制也。历朝均有之，以康熙青花者为上。

【解读】

牛头尊的口径比较大，口下没有颈部，直接下至肩部，腹部比肩部膨大很多，到底部稍稍收缩。以两旁有双耳的居多，耳部形似牛头，因而得名。大的牛头尊可高达两尺有余，宽一尺多，小的也有一尺高，在瓷器中属于大件制品。历朝都有牛头尊烧制，而以康熙年间青花制品最佳。

茶叶末釉牛头尊（清）

硬棒锤　　身如截筒，肩耸而臃肿，自肩至底同一直下，口有凸边一道者名硬棒锤。有青花、五彩各种，亦有开长光两面彩画，余为锦地者，大小不一其制。

软棒锤　　形与硬棒锤相仿，惟肩豍、口侈、足稍敛。明朝祭红概无棒锤，惟康窑青花、五彩有之。大棒锤初年较巨，晚年较小。康熙此类画草虫及粗疏花卉为多，盖客货也。

【解读】

棒锤瓶，多作“棒槌瓶”，创烧于清顺治末年到康熙初年，因形状像我国南方民间洗衣服用的棒槌而得名，有硬棒槌、软棒槌之分。硬棒槌瓶大都为康熙年间所制，盘口，短直颈，圆折肩，圆筒状长腹，圈足。大小不一，高者约70厘米，矮者仅有十几厘米。软棒槌瓶烧制于雍正初期，造型不及硬棒槌瓶挺拔，口外侈，束颈，溜肩，直筒形腹，腹下略收，足尖圆滑。作者写道，明朝的祭红没有棒槌瓶，康熙年间的青花、五彩瓷才有。最初棒槌瓶形制较大，后来逐渐变小。康熙年间的棒槌瓶多画草虫和花卉，笔法粗疏，多为民窑所制。

青花瑞兽纹棒槌瓶（清康熙）

马蹄尊　马蹄尊有两种，高者为瓶，矮者为盂。高者项与胫均长，腹短而微皤，形类马足，故名。康熙青花最多。此种矮者名矮马蹄，口巨而无项，康窑有釉里红花朵者，亦殊足珍。

【解读】

冬青釉堆花云纹
马蹄尊（清）

马蹄尊有高矮两种，高马蹄尊颈部与胫部都长，腹部短小而微膨，形状类似马蹄。康熙时期的青花瓷中最多。矮的叫“矮马蹄”，口大，没有颈部，康熙官窑有绘釉里红花纹的，值得珍藏。

天球瓶　天球口与项相若，腹为浑圆，肩与足又相若也。雍正瘦身抹红者，品格殊美。若乾隆青花夹紫或豆彩者，亦佳。

【解读】

天球瓶的烧制始于明永乐时期，是受到西亚文化影响而出现的样式，其造型特点非常明显，小口、直颈、腹部浑圆硕大。清雍正时期的天球瓶体型比前代稍瘦，有抹红彩绘的格调非常优美。乾隆时期的青花加紫或豆彩制品，也质量上佳。

胆瓶　胆瓶形如悬胆，口径直下，腹微椭圆，形式有大有小。古时铜瓶此式尤盛行，瓷制以乾隆为多。

【解读】

胆瓶因器形如同悬胆而得名，一般为直口，细长颈，削肩，肩以下渐硕，腹下部丰满。其线条流畅，造型挺拔，特别适合清供单枝长茎的花草。据考证，胆瓶最早创烧于宋代，明清时期十分盛行，成为文人显示高雅情趣及高贵身份的一种陈设瓷。

紫地珐琅彩花卉纹胆瓶（清 乾隆）

梅瓶　梅瓶口细而项短，肩极宽博，至胫稍狭，折于足则微丰，口径之小仅与梅之瘦骨相称，故名梅瓶也。宋瓶雅好作此式，元、明暨清初，历代皆有斯制。红色者仿均为最多，豆青、天青、茄紫、豇豆红等诸色均有之。

【解读】

仿钧窑红釉梅瓶（清 乾隆）

梅瓶起源于宋代，小口、短颈，肩部非常宽大，而肩以下逐渐收敛，底足纤巧。作者认为由于其瓶口很小，与梅花的瘦骨相称，因而得名。实际上，梅瓶本是一种酒器，上海博物馆所藏的两件梅瓶上书“清沽美酒”、“醉乡酒海”文字便足以明证。梅瓶在元、明以至清初历代的各地瓷窑中都有烧制。尤其是明清时期，景德镇御窑厂大量制造各式梅瓶，造型优美，多为宫廷陈设品。文中提到，红釉梅瓶以仿钧釉的最多，也有豆青、天青、茄紫、豇豆红等色釉制品。

玉壶春　　玉壶春口颇侈，项短，腹大，足稍肥，亦雅制也。天青、积红者尤居多数。此式大半官窑，甚少客货，而官窑又大半纯色釉也。

【解读】

斗彩三友纹玉壶春瓶（清 雍正）

玉壶春瓶是从北宋到清代都十分流行的一种器形。关于“玉壶春”之名，有人说是因为宋代诗句“玉壶先春”而得名，也有人说因唐代司空图《诗品》中“玉壶买春”一句而来。不管怎样，最早的玉壶春瓶是被作为酒具使用的。玉壶春瓶的瓶口颇大，颈部较短，腹部巨大，底足肥而外撇，体形瘦长，线条优美，富有典雅之气。作者提到，清代玉壶春瓶以天青、积红居多，多半为官窑所制，民窑制品较少，而官窑玉壶春瓶中大半为单色釉制品。实际上，明清时期玉壶春瓶作为陈设观赏瓷器，釉彩品种非常丰富，除了单色釉之外，还有青花、釉里红、斗彩、珐琅彩、粉彩以及各色釉地五彩等，数不胜数。

藏草瓶　　口直而长，项有两截，中凸起如球，腹浑圆，胫短稍缩，至足而大展。大体甚似洋油之坐灯。缘初特制以赐藏僧，藏中有草，取以供佛，故得名也。惟乾隆有之，嘉、道数代藏僧即罕来朝，此式遂不复制。花彩以珊瑚红釉绘西番莲者为多，亦取西土庄严之意也。

【解读】

油红花卉藏草瓶（清）

藏草瓶又称“甘露瓶”，是清朝廷为赏赐西藏僧侣而创制的一种瓶式，用于插草供佛，故而得名。其造型口部直而长，颈部分为两截，中间有圆球状的凸起，腹部浑圆，胫部短小收缩，足底部外撇，大体上很像洋油座灯。文中说藏草瓶只在乾隆年间有制，实际上雍正年间也有，不过乾隆时期比较盛行。嘉庆、道光以后，西藏僧人就很少来朝，藏草瓶逐渐就停止了烧造。此瓶的花彩以珊瑚红釉绘西番莲图案较多，寓意西方净土庄严。

凤尾瓶　凤尾足长而丰，底处益散开，略同凤尾，故名。此外身段无甚特异，以大凤尾五彩者为最佳。若硬绿三彩者尤为瑰宝。此式多康窑客货，而彩画雄奇之极，洵为伟观。

【解读】

凤尾瓶是由元、明时期的花觚演变而来，算是花觚的一个变种。其整体造型为喇叭状口，颈部挺拔，腹部圆鼓，腹下部至足底外延，犹如凤尾，因而得名。文中说，凤尾瓶以大凤尾五彩的为最佳，而硬绿三彩的凤尾瓶尤其宝贵。凤尾瓶多为康熙时期民窑烧制，彩画非常雄伟奇特，十分壮观。

象腿瓶　　式颇特别，自口至足直下无纡曲，但非圆式，乃三瓣之海棠式也。口际凸起，厚边，近口稍粗，近足稍窄，市人呼曰象腿，亦象形语也。芸豆、淡茄、乳鼠等色为多。

【解读】

象腿瓶创烧于明万历年间，又名“一统瓶”，寓意“江山一统”。其式样颇为特别，从瓶口到底足垂直而下，没有弯曲。瓶口的边缘厚而凸起，瓶身接近口部稍粗一些，而接近足部之处稍细一些。商人们将其称为“象腿瓶”，就是因其造型粗壮，犹如象腿。文中说，象腿瓶瓶身不是圆形，而是三瓣海棠式，这恐怕是与花口瓶中的海棠瓶有所混淆。作者还提到，象腿瓶釉色以芸豆色、淡茄色和乳鼠皮釉居多。实际上，传世的明清时期象腿瓶，单色釉的所占比例不大，而青花、五彩、粉彩的象腿瓶数量众多。

青花博古图象腿瓶
（明 崇祯）

石榴尊　　腹绝巨，口巨而张，项短而缩，足微敛，形同石榴，故名也。雍正天青色而底有篆书凸雕款者，乃当时官窑雅品。豆青一种较小有盖者，乃作罐用也。

【解读】

古人称石榴“千房同膜，千子如一”，视其为多子多福的象征。石榴瓶的腹部很大，唇口外卷，颈部短而收缩，足部微敛，造型就像开口的石榴果，故而得名。雍正时期烧造过天青色釉而底部有篆书凸雕款的石榴瓶，是当时官窑的上品。有一种豆青釉的较小而有盖的石榴瓶，是作罐子用的。

仿哥釉石榴尊
（清 雍正）

葫芦瓶　　形纯似葫芦，有大有小，以东青、积红等色为多。东青有凹雕暗花者，窑变之属，亦偶一见，而伪制甚夥。

【解读】

葫芦自古以来就被人视为吉祥之物，是多子多福的象征。葫芦瓶最早创烧于南宋时期的龙泉窑，瓶体就像一个葫芦，小口，短颈，瓶体由上下两截黏合而成。文中说，葫芦瓶有大有小，以东青、积红等色为多。东青釉葫芦瓶中有凹雕暗花的，是窑变所成，偶然能见到，但仿制伪品众多。

青花缠枝莲纹
葫芦瓶（明）

转心瓶　　瓶之腹际玲珑剔透，两面洞见，而瓶内更有一瓶，兼能转动，似美术雕刻之象牙球者然。若是者名曰转心，乃内府珍赏殊品也。《陶雅》名为套环转动之瓶，颇嫌名称烦赘。古物保存所则标其名曰转心，今从之。

【解读】

转心瓶又称“旋转瓶”、“套环瓶”，是清乾隆年间宫廷内流行的瓶式之一。转心瓶的腹部镂空，瓶内套装一个可以转动的内瓶，就像多层相套的镂雕象牙球。转心瓶多为粉彩制品，内瓶彩绘以婴戏图或四季风光图最为常见，转动时可以通过外瓶的镂空看到内瓶的画面，十分有趣。

转心瓶制作的难度极大，首先要在外瓶的底内做出凸起的鸡心状纽，内瓶底部做出与其吻合的鸡心槽，使纽与槽相合才能旋转。内瓶与外瓶套在一起，要先粘外瓶和内瓶的肩部，而后再粘接外瓶腹部和内底。在制作过程中，既要正确掌握内外瓶的干燥率，又要兼顾烧成后的收缩率，稍有差错就会前功尽弃。所以，转心瓶的烧制成功，说明乾隆年间景德镇制瓷工匠的技艺已达到了登峰造极的地步。

粉彩镂空转心瓶（清 乾隆）

方瓶　　方瓶种式不一，有体方口圆，类旧时之轿灯者，亦名方灯笼，以东青色凸雕八卦形为多。有口体俱方，身分两截者，略如神前之香案，以黄地青花为多。有扁方形，口底俱方而腹膨脝，项旁有两耳，可以穿带者。有如“目”字形而口微凸起者。其他种种形状不胜枚举。

【解读】

方瓶的种类很多，各不相同。有的瓶身为方形，而瓶口为圆形，就像旧时的轿灯，又称“方灯笼”，以东青色凸雕八卦纹样的居多。这种方瓶还有个名称叫“琮式瓶”，始见于宋代，是仿照新石器时代良渚文化的玉琮外形所制。有的方瓶口部和瓶体都是方的，瓶身分为两截，有些像供神用的香案，以黄地青花居多。还有扁方形的方瓶，口部和底部都是方形，而腹部膨大，颈部两边有用来穿带的双耳。还有“目”字形的方瓶，口部微微凸起。方瓶的形式还有多种，不胜枚举。

珐琅彩福寿方瓶（清）

穿带　穿带之制，有方有圆，方者如前条所述，圆者大体似天球，而左右两耳可以穿带，则方圆悉同也耳与口之孔同一平行视线，与寻常垂双耳者异。此制仿古礼投壶之壶。又有足际两横孔，仍于孔内挂釉者，亦名穿带，皆纯色釉为多，概系官窑，甚少客货也。

【解读】

穿带瓶有方形和圆形两种。方形的就如上一条“方瓶”中所记载。圆形的大体造型近似天球瓶，而左右各有一耳，可以穿带。双耳与口孔高度平行，和一般有双垂耳的瓷瓶不同。这种圆形穿带瓶是仿照古代投壶所制。另有一种穿带瓶在底足边有两个横孔，孔内挂釉，也叫穿带瓶。穿带瓶以纯色釉的居多，一般都是官窑制品，很少出自民窑。

此节重点讲述的圆形穿带瓶，应该就是一般所说的贯耳瓶。贯耳瓶始见于宋代，明清时期多有仿制。其仿汉代投壶式样而造，直颈较长，腹部扁圆，颈部两侧对称贴有竖直的管状贯耳。

仿哥窑白釉贯耳瓶（明）

蒜头、莲蓬、荷叶诸口　　蒜头者，口似蒜头而体段则近油锤。宋制已有之，后此尤夥。纯色、青花多有之。莲蓬者，口上作一莲蓬式，有数小口，仅能插折枝梅菊耳，身段亦不一致。荷叶者，口际之边翻出向下如荷叶。然身段多棒锤之属。数者皆好奇之创制也。

【解读】

蒜头瓶，口部形状犹如蒜头，而瓶身近似油锤，这种样式宋代就已出现，此后尤多，以纯色釉和青花的为多。莲蓬瓶，口部做成莲蓬形状，有几个小口，只能插供折枝的梅花、菊花等，体型也不尽相同。荷叶瓶，口部边缘向下翻出，如同荷叶，而瓶身为棒槌瓶的形制。这几种瓶式都是好奇之下创制出来的。

花觚　　口大腹小者谓之花觚。明制者身段直下，绝无波折。康熙以后则腰际凸起，略如香案中插花之具矣。康仿明制粗五彩花者为多，于粗率中更见老横。至乾、嘉，则有镂金错采、锦堆成片者。有一种口绝侈而身甚瘦，直下无曲折，而身际盘有凸螭一条者，系素三彩，乾、嘉均有之，仿制者尤夥。

【解读】

青花人物故事图花觚（明 崇祯）

花觚是仿青铜器造型的一种陈设瓷器，始烧于元代，主要流行于明嘉靖、万历至清乾隆时期。早期的花觚除了陈设用之外，民间多用于插花，布置厅堂。花觚的基本造型是口部大而腹部小，明代花觚的瓶身垂直而下，没有曲折。而清康熙以后的花觚则在腰部凸起，略似香案上所供的插花器具了。康熙时期仿明代的制品，以粗率的五彩花绘为多，其绘画在粗率中透出老辣纵横的气象。乾隆、嘉庆时期则有装饰繁复、错彩镂金的花觚。有一种花觚，口部外撇很大，而瓶身非常瘦长，直下而没有曲折，瓶身一侧凸雕一条盘螭，为素三彩器，乾隆、嘉庆时期都有，仿制品尤其多。

渣斗　　觚之小者曰渣斗，明制已有之，至清逾夥。五彩或黄地碎花者均有之。渣斗之小者则入于漱具之属，非清供品矣。

【解读】

此节中说，小型的觚称作“渣斗”，明代已有，清代更多。实际上，瓷制渣斗最早出现在晋代，是一种放在餐桌上用以盛放骨刺渣滓的容器。造型上一般是喇叭口，宽边沿，深腹。明清时期，渣斗十分盛行，有五彩、黄地碎花等多个品种。

青花穿花龙纹渣斗
（明 正德）

花浇　　花浇者，浇花之壶也，胫略似如意尊，惟仅有一耳。亦可作插花用。若彩色精者，颇足当清供也。

青花缠枝莲纹花浇（明）

【解读】

花浇就是养花时浇花用的一种水壶，文中说其胫部有点像如意尊，不过只有一边有耳。据研究，花浇的造型仿自西亚的铜器。明清时期的花浇各有特点。明永乐时的花浇为大口、直颈、圆腹，柄为龙形，纹饰纤细。清雍正时期，花浇口比较窄，颈也细长，不至于一下子倒水过多，使用十分方便。文中所说的应该是清代花浇。作者提到，花浇也可以作插花用的花瓶，而釉色和彩绘十分精美的花浇完全可以作为高雅的清赏陈设瓷。

说杯盘第八

酌酒之器，口径较巨，便于酒人以助其鲸吸百川之势。绝巨者谓之海，方而巨者谓之斗，略小者谓之斝，口大而身高者谓之盏。匪惟铜器，亦有瓷品，要皆可以杯括之。

陆羽《茶经》论列瓷品之高下，当时茶具精美，当可想见。近均、汝、哥、定等器时亦流露人间，而定尤为绝美。盖定器必雕花，必较薄、较巨，尤可宝也。

【解读】

龙泉窑青釉杯（南宋）

用来饮酒的容器口径一般都比较大，便于饮酒的人如鲸吸百川一样痛饮。特别巨大的杯子叫“海”，形状为方形且巨大的叫“斗”，稍微小点的叫“斝”，口大而身形较高的叫“盏”。不只有铜制的，也有瓷器，总之都可以归于杯类。

唐代茶学家陆羽在《茶经》中论述了瓷器品级的高低，从中可以想见当时茶具制作的精美。近年来钧、汝、哥、定等名窑的瓷器时常在市场上出现，而定窑的产品尤其精美绝伦。原因是定窑瓷器必有雕花，胎骨较薄，形制较大，尤为可贵。

杯盏是用来饮水、饮茶或饮酒的日常实用器具，相较而言，杯多用来饮酒，盏多用来饮茶，杯的器形较小，盏的器形较大，杯的纹饰简约，而盏的纹饰繁杂。

汝窑托杯，制与时式不甚相远，而蚓纹深黝，釉汁莹润，后世殆无甚匹，仿者甚夥，然终不能神似。

【解读】

托杯，又叫“托盏”，是带有盏托的杯盏，而盏托是一种放置茶盏以防烫手的托盘，多呈圆形，中间有凸起的托圈。瓷盏托始见于东晋和南北朝时期，唐以后，随着饮茶之风的盛行，盏托流行起来。宋辽时期，盏托几乎成了茶盏必备的附属器具，托口较高，中间呈空心盏状。

汝窑的托杯与作者那个年代流行的托盏形制相差不大，而釉面上的蚯蚓纹色泽深黑，釉汁莹润，后世没有能与之相比的。仿制品虽多，终不能神似。

越窑青釉划花托盏（宋）

明末清初，茶杯和盏托的配置逐渐发展成一盏、一盖、一碟的三合一茶盏——盖碗，又称“三才杯”，其中，盖为天、托为地、碗为人，暗含“天地人和”的寓意。由于盖碗既有利于保持水温，其茶托又能避免烫手，所以清代流行于全国各地，尤其是在京师，上自宫廷皇室，下至茶馆市肆，皆重盖碗茶。

宜德白坛盏，于器心有一“坛”字，乃当时经箓醮事坛中供品也。质细、料厚、式美，足称珍品。又有一种白茶盏，瓮肚、釜底、线足，光莹如玉，内有细龙凤暗花，底有“大明宣德年制”暗款，一代殊品，直超定器而上之。

【解读】

明宣德年间所制的一种白坛盏，在中心有一个“坛”字，是当时进行道教斋醮仪式时所用的供品，其质地细腻，原料厚重，样式精美，堪称珍品。还有一种白釉茶盏，瓮形腹部，釜形底，圈足，釉面光润如玉，里面有龙凤纹的暗花，底款为“大明宣德年制”暗款，是一代珍品，甚至超过定窑瓷器。

靶杯之制，以其足有柄可把，本名把杯，后讹作靶，沿误久矣。宋哥窑有八角之制，莹美可玩，然宣德祭红者尤为奇珍。

碗形而下有柄者，名曰靶碗，俗称高足碗。浮屠喜于佛前贮供品，故又称佛碗也。宣德祭红光照四座，其他青花、五彩，清代不少良制，然已一览众山小矣。碗式之变迁，虽不若瓶式之多，然历代标新领异，各呈奇构，以餍众人眼福。综其迁变，可得而言。

【解读】

青花云龙纹高足碗(元)

靶杯，又名“把杯”、“高足杯”，因其下部带有手柄可以把握而得名。靶杯最早出现在何时尚有争论，可以肯定的是唐宋时期就已出现，并且在元代非常盛行。作者提到，宋代哥窑有八角形靶杯，光润精美，可供玩赏。而明代宣德时期的祭红釉靶杯尤为珍奇。

碗下有柄的叫作“靶碗”，俗称“高足碗”。佛寺中常用高足碗来盛放供品，供于佛前，所以又称其为“佛碗”。靶碗的造型与靶杯近似，而形体略大，有中空足封闭底印和不封底两种。宣德祭红靶碗精美无比，而青花、五彩靶碗在清代也不乏佳品。

杯底有深窝，圆而略深，以次递锐者，名曰鸡心。形小而圆，似半浑圆形者，名曰牛眼。杯有四角者，有四角之边各有深凹线一道，名曰海棠式。有六角者，有八角者，而四角又有双耳、单耳、无耳诸式。

双耳之杯有方有圆。康窑蛋黄色凹雕暗花者，耳作龙形，乃御窑也。若寻常双耳，则以耳小者为贵。乾隆金酱色小杯，上绘金花，亦有双耳，颇具轻盈之致。

【解读】

青花花口蝶耳杯
（明 宣德）

杯子底部有个深而圆的窝，杯身渐趋尖锐的，叫作“鸡心杯”。形体圆而较小，似半浑圆的瓷杯，叫作“牛眼杯”。杯子有四角，且每个角的边缘都有一道深凹线的，叫作“海棠式杯”。也有六角的和八角的。而四角形的又有双耳、单耳、无耳几种式样。

双耳杯有方有圆。康熙官窑所制蛋黄色凹雕暗花的双耳杯，耳为龙形，出自御窑。一般的双耳杯，以小耳为贵。乾隆官窑的金酱色小杯，上面绘有金花，也有双耳，颇有轻盈的韵致。

口径颇巨而身段甚矮者，谓之奶子碗，清宫以盛牛乳者也。然宋制已有此式，则又未必盛牛乳，名取通俗，不必数典矣。青花、五彩均有之，又有凸雕花纹仿汉铜夔螭者，名曰博古花，上挂色釉，亦殊足珍。

【解读】

奶子碗的碗口很大，碗身很矮，是清代宫廷中用来盛放牛奶的碗。不过宋代就已经有这种样式的瓷碗，而且当时未必是用来盛牛奶的。奶子碗青花、五彩的均有，还有凸雕花纹仿汉代铜器上夔螭纹样的，称作“博古花”，花纹上挂釉彩，非常珍贵。

素三彩之盘碗，以嘉靖海马为最殊尤，中绘一团龙，旁列众兽七八，所谓“众兽朝龙”者也。众兽中固有海马，亦有海马居中者。大者兽多，小者兽少，统名海马，便俗称耳。绿波翻涌，梅蕊粉披，兼画小八宝，康熙所仿，已非恒品，而况于嘉靖也耶！

【解读】

素三彩的盘碗，以明代嘉庆年间的海马纹碗最佳。其中心画有团龙纹，旁边列众兽七八个，即所谓的“众兽朝龙”。众兽中固然有海马，也有海马居中的。大件的器具画的兽多，小件的兽少。康熙时的仿品图案可谓绿波翻涌，梅蕊纷飞，还绘有小的八宝图，这已经不是普通的瓷品了，更何况嘉靖年间的呢。

有明一代，珍具骈阗，亦云盛矣。就铮铮有名者而论，如永乐之影青碗，质薄如纸，花纹精细如发，此鬼工也。如永乐之压手杯，底绘有花，款字藏于花内，细若粒米。如嘉靖之红鱼靶杯，自骨烧出鱼形，凸起宝光。如成化之鸡缸，历朝争仿其制，纯庙题诗，江村作歌，均盛称之。如吴壶隐之流霞盏，天下知名。若周丹泉之仿古各器，直造堂奥。此皆驰名艺苑，宝若琳琅者也。若递求其次，则宣德之祭红，成化之人物，正德之蛋青，嘉靖之海马，万历之九龙、五毒，亦有足珍者焉。其他盘碗流入规矩花一路者，则如涂涂附，虽确属朱明之器，亦等诸自郐以下矣。

【解读】

釉里红三鱼纹
高足碗（明）

整个明代的制瓷业珍品荟萃，可谓十分兴盛。其中特别著名的品种，有永乐年间的影青碗，胎骨轻薄，花纹精细，堪称鬼工。永乐年间的压手杯，底部绘有花款，而文字藏在花纹之内，米粒般细小。嘉靖年间的红鱼纹靶杯，胎骨上烧制出鱼形，带有宝光。成化年间的鸡缸杯，后世历朝历代都争相仿烧，乾隆皇帝为其题诗，高士奇为其作诗，都对其极为赞赏。壶隐老人昊十九所制的流霞盏天下闻名。还有名匠周丹泉所制的各类仿古瓷器，颇具古意神韵。这些都是驰名于艺苑的珍宝。如果要说次一等的瓷器，则是宣德时期的祭红瓷、成化时期的人物彩绘瓷、正德时期的蛋青釉瓷、嘉靖时期的海马纹瓷器，以及万历时期的九龙纹、五毒纹瓷器，这其中也有值得珍视的作品。其他盘碗流于规矩花一路，则守旧牵强，即使也是明代产品，也不值一提了。

康窑素有名者，莫如堆料款御制碗。有青、有黄、有红、有绿，彩地夹彩，颜色填满。所绘多绣球、牡丹、番莲之属，亦有花际嵌字者。至绘耕织图之杯盘，绘百余人列阵之大盘，绘饮中八仙之酒器，绘十二月花之全副酒盏，暨六旬万寿之官窑彩盘，亦均铮铮有名。

【解读】

珐琅彩缠枝牡丹纹碗（清康熙）

清代康熙官窑所制的碗盘中最有名的，莫过于堆料款御制碗。所谓堆料款，指的是康熙至乾隆年间珐琅彩瓷的款识，铭文用珐琅彩料书写，微微凸起，形成堆垛，主要有蓝彩和胭脂彩两种。文中说堆料款御制碗有青、黄、红、绿各种颜色，彩地上施以彩绘，颜色铺满。所画图案多为绣球花、牡丹、西番莲等，也有在花纹中嵌字的。此外，康熙官窑的耕织图杯盘、画百余人列阵的大盘、饮中八仙图酒器、十二月花的全套酒杯，还有庆贺康熙帝六旬大寿的彩绘瓷盘，都是鼎鼎有名的珍品。

宣德红地青花大盘，红色甚深，而青不如康熙。就红而论，非此时无此色也。雍正黄地青花果盘亦颇不俗。

大盘，有面积对径二尺余者，置诸方桌中，则已占满一桌之地位，清初有之。此等巨品，决非恒人所用。意者宫庙供佛，佛像常有高数丈者，非是不足以相称耶。

康熙大盘与乾隆大盘五彩者，均极精美，然

古茂与时趋，则显分派别。康熙之制稍窝，乾隆之制稍平，此面积之不同也。康所画硬彩而高古，乾所画粉彩而华缛，此用彩之不同也。康人物面部施蓝笔，乾人物面部施红笔，此绘事之不同也。其相异之点尚不止此，然各为世所重，所谓异曲同工者，非耶？

【解读】

大盘，是一种创烧于元代的盘式，一般直径在三四十厘米左右，大的可达 50 厘米，多为青花装饰，属于外销瓷的一种，浑厚凝重，十分精美。明代宣德官窑所制的红地青花大盘，其红色很深，而青花的青色不如康熙官窑器。文中所说的宣德红地青花大

青花瓜竹葡萄纹菱口盘（元）

五彩花卉纹大盘（清 康熙）

盘，就是青花红彩。这种将釉下青花与釉上矾红彩相结合的工艺，是宣德官窑的首创，为日后斗彩工艺的产生奠定了基础。

作者在文中提到，大盘形制巨大，直径二尺有余，放在方桌上几乎占满桌面。如此巨大的盘子，肯定不是寻常人家日常所用，而是要在宫廷庙堂上供奉神佛的，佛像往往高达数丈，非这样大的盘子不足以匹配。

康熙时期与乾隆时期所制的五彩大盘都非常精美，不过一个古雅一个时尚，显然有所区别。康熙大盘稍有点凹，而乾隆大盘比较平；康熙大盘彩绘为硬彩，风味高古，而乾隆大盘画的是粉彩，显得华美秀丽；康熙大盘上的人物面部以蓝笔画成，而乾隆大盘用的是红笔。二者不同之处不止这些，不过都受到世人的重视与推崇，所谓异曲同工正是如此。

说杂具第九

宋制印合，以粉定为最精，式样极扁，内容印泥处甚平淡也。若哥窑，若泥均，亦佳。哥窑印合胎釉视常器较薄，泥均有浑圆者，有六角者，蓝晕浓点，亦殊足珍。印合之式曰馒头、曰战鼓、曰磨盘、曰荸荠、曰平面平面中仍有子口、曰六角、曰正方、曰长方、曰海棠、曰桃形、曰瓜形、曰果形，递衍递嬗，制愈变形愈巧矣。

明制粉定印合概无款识，荸荠式者甚扁，制颇特别。其他有作战鼓形者，有作磨盘式者，种种不一。又有粉定而描以青花者，秾郁丽密，一时无两。

印合巨者，圆径或七八寸，长方形者尤巨，乃当时钤御玺之用也。盖绘龙形，云霞缭绕，上方珍品，自殊凡近矣。小者乃仅如栗，底器窝而深，无足而有微凹两圈，堪以安置不欹。盖之中间亦微凹，远视恰如栗子状也。满绘青花云龙，亦精美可贵。

宣德、成化、嘉靖、万历皆有龙凤青花印合，而以宣德为最美，成化次之。清初康熙青花亦足雄视一代。官窑必绘龙，其寻常客货山水居多，有极老壮苍蔚者，虽多率笔，然自不俗。

乾隆官窑印合，以豆青地五彩规矩花为多，豆彩团花亦恒有之，若作疏蓓之花者，颇为罕见。

【解读】

本章一开始的数节讲的都是印盒。印盒亦称“印奁”，是盛放印泥的文房用具，以扁圆形最为常见，体积较小。常见的印盒材质有铜、玉、象牙等多种，以瓷制的最佳。

粉彩描金八吉祥纹印盒（清道光）

文中写道，宋代的瓷印盒以定窑最为精美，式样很扁，里面装印泥的地方平而浅。哥窑和泥均窑的印盒质量也不错。哥窑的印盒，胎釉比一般器物要薄。泥均窑的印盒有圆形的、六角的，带有蓝色晕点，也很珍贵。印盒的式样有馒头式、战鼓式、磨盘式、荸荠式、平面式、六角式、正方式、长方式、海棠式、桃形、瓜形、果形，种类繁多，而且越发展越是精巧。

青花釉里红寿山福海印盒（清 乾隆）

明代烧制的粉定印盒全都没有款识。荸荠式印盒非常扁，形制很特别。其他还有做成战鼓形、磨盘形的，各有不同。还有白釉上描青花的，色彩浓郁富丽，一时无两。

形制较大的印盒，直径可达七八寸。长方形印盒尤其巨大，是当时皇帝钤印玉玺所用。其盖上会有龙纹，云霞缭绕，上用的珍品自然是不同凡俗。而小的印盒只有栗子大小，盒地深凹，没有足，只有微微凹进去的两道圈痕，以使其放置不倒。盒盖中间也稍微凹进，远看恰似一颗栗子。上面画满青花云龙纹样，精美珍贵。

明代宣德、成化、嘉靖、万历四朝都有龙凤纹青花印盒，其中以宣德时期所制最为精美，成化次之。清康熙年间的青花印盒也足以称雄一时。官窑印盒必定绘制龙纹，而一般民窑所制还是以山水图案居多，有的画得极为老练苍劲、蔚然壮观，虽然用笔粗疏，但自有不俗之气。

乾隆时期的瓷印盒以豆青地五彩规矩花居多，也有豆彩团花纹的。而图案花纹疏阔俏丽的则比较少见了。

康熙大笔筒，圆径宏伟，所绘花彩以人物为

最奇瑰，花卉次之。若书《滕王阁赋》《归去来辞》《兰亭序》等类，书法出入虞、柳，亦饶有别趣也。藏家往往代作花盆之用，可谓别有匠心。此等笔筒，底必有露胎阔圆圈一道，其正中处圆径又往往凹下焉。

笔筒雕瓷者，辄喜仿象牙、竹木之釉，所雕花以竹林七贤、东坡赤壁、垂杨系马之类为多。良工陈国治、王炳荣颇善斯制。又有一种雕瓷，纯不涂釉者，名曰反瓷，则多属季裕元所制云。

乾隆小笔筒好作海棠、四方等形，开光者居多，地或作古锦、夔纹状，质莹画细，虽小品亦自足珍。

笔筒反瓷而墨彩者固常有之，若反瓷而胭脂水彩者，诚为罕觏之宝。

【解读】

笔筒，是一种筒状的文房用具，用来插放毛笔。古代笔筒最早见于宋代，明清时期非常盛行，是文人书桌上必不可少的实用器和陈设器。笔筒的造型多为直口，直壁，口底相若，造型简单，而且自诞生以来没有大的变化，材质主要有竹木、陶瓷、漆、玉等。

文中写道，清康熙官窑烧制的大笔筒，体型宏伟，其上的彩绘图案以人物图最为精美，花卉纹次之。笔筒上有书写《滕王阁赋》《归去来辞》《兰亭序》等文章的，其书法类似唐代书法家虞世南、柳公权的手笔，颇有情趣。收藏家往往将康熙大笔筒当作花盆来用，可以说别出心裁。这类笔筒的底部都有一道露胎的阔圆圈，正中圆的一块通常是凹下去的。

陈国治款素胎雕瓷人物图笔筒（清）
（图片提供：FOTOE）

雕瓷的笔筒往往喜用仿象牙釉和仿竹木釉，所雕图案多为“竹林七贤”、“东坡赤壁”、“垂杨系马”之类。著名的制瓷大师陈国治、王炳荣特别善于制作此类笔筒。还有一种雕瓷笔筒，完全不涂釉彩，叫作“反瓷”，多是季裕元所制。反瓷，亦称“生瓷”，以瓷土作胎，胎上雕琢纹饰，素胎生烧。其胎质细密，手感滑腻，烧成的反瓷器物如骨似玉，很受欢迎。

乾隆时期的小笔筒经常做成海棠式和四方形等，纹饰开光者居多，地纹多为古锦、夔纹式样，釉质莹润，画工细腻，即使是小件制品，也非常珍贵。

反瓷笔筒上绘以墨彩的比较常见，如果是在反瓷笔筒上用胭脂水彩绘，就是难得一见的宝物了。

洗也者，在古时以之属盆，双鱼洗之类是也。近世属之笔洗，即水中丞之类是也。浣笔之器，浅者曰洗，深者曰盂。

康窑豇豆红、苹果绿笔洗最为殊尤。若胭脂水者，亦为珍品。窑变或泥均者，亦颇可珍。积红则视其年代而定上下也。

有一种积红水盂，口处微陷，乃天然缺口，用以置水匙者也，雍窑居多。若口敛腹皤者，则康、乾均有之，而底又必平而巨，类似太白尊而无项者。

洗之口边，辄喜作凸螭形，历代皆有之，以有款者为贵。

【解读】

洗是一种古代日常的盥洗用具，作用类似于今天的盆，比如双鱼洗之类。其中有一类专用于盛水洗笔，称为“笔洗”，是文房用具之一。文中提到，用来洗笔的容器，浅的称为“洗”，深的称为“盂”。

龙泉窑青釉贴花双鱼纹洗（元）

康熙官窑的豇豆红和苹果绿笔洗最为珍贵，胭脂水的笔洗也可称为珍品，窑变釉或泥均的笔洗也值得珍藏。积红笔洗则要看其是什么年代所制，才能定其品质高下。

粉青釉腰圆式洗（清 乾隆）

有一种积红釉的水盂，口沿处有小小的缺口，是天然形成的，用来放置水匙，以雍正官窑制品居多。而口部收缩、腹部硕大的，康熙、乾隆时期都有，底部必定平坦而宽大，就像没有颈部的太白尊。

瓷洗的口部边缘常常做成凸雕的蟠螭形，这种样式历代都有，而以有款识的为贵。

花盆以均窑为最佳，其座谓之盆连，有圆者，有海棠式者，有六角者，近则折足磨边，亦珍逾拱璧，盖均之可贵极矣。均盆与盆连，其底必有数目字，红紫者单数，青蓝者双数，盖因盆与座，取其有识别，易于配合，不致混乱凿枘故也。

康熙青花花盆，有极巨者，圆与六角均有之，绘松者尤苍蔚可爱。乾隆五彩者，异常精美，盆座之边有高至寸者，绘开光各景，尤具奇丽之观。

【解读】

花盆以钧窑所制最佳，花盆的底座称为“盆连”，有圆形、海棠形、六角形等种类，近来折足、磨边的钧窑花盆也非常珍贵。钧

青花福禄寿三星纹六角花盆（清 康熙）

窑的花盆与盆连的底部标有数字，红紫色的标单数，青蓝色的标双数，这是为了使盆与座便于辨识、易于相配而不致混乱。

康熙时期的青花花盆有的非常巨大，圆形和六角形的都有，其上画的松树尤为苍翠可爱。乾隆时期的五彩花盆也非常精美，盆连的边有的高达数寸，画有开光纹及各种景物，非常新奇艳丽。

瓷缸大者养鱼，小者置之案头，可作清供之用，不必其定养鱼也。口径数寸至数尺不等，若案头清供，大抵口径数寸为最流行。均制最难得，仿者亦自不俗。明制有里白外青、云龙、狮子滚球诸花，亦颇堪供清赏。

青花人物图小缸（清 康熙）

【解读】

瓷缸大的用来养鱼，小的则放在案头，可以作为清供之器，不一定非要养鱼。其口径数寸到数尺的都有，如果作为案头清供，则数寸口径的小缸最为流行。钧窑瓷缸最难得见，仿制品也颇为不俗。明代烧制过里白外青、云龙纹、狮子滚绣球纹等品种的瓷缸，很适合作为清雅的陈设。

烛台之制，宋时已有之。至明万历，有云龙、人物、香草、莲瓣诸花彩。清制形式不一，最特别者，乃作象形背驮一壶，文绣蔽体，而背驮者恰以承烛，洵雅制也。

【解读】

烛台是古代人用来燃蜡的工具，上面有一个尖头或空穴，能够插放蜡烛。文中说，瓷制的烛台在宋代就已经出现。其实早在东汉时蜡烛就已经产生，所以烛台也应该产生在那一时期。明万历年间，瓷烛台有云龙纹、人物纹、香草纹、莲瓣纹等各种彩绘图案。清代的烛台样式不一，最特别的是做成大象形状，象背上驮着一只壶，遍体饰有花纹，而背上的壶恰好可以插放蜡烛，可谓雅致的作品。

青花团龙纹烛台（明）

常见宋制香炉一具，色之莹润，固无伦比，而底与足之釉异常匀净，表面通体不见有露胎之处。盖此种浑身挂釉，其入窑时系以铁钩钩炉之里面，吊器而烧，谓之吊烧，故表面全无露胎处者，职是之故。

香炉在明代喜作法花，兽形鼓起者尤为可喜。至康熙，则大而扁者往往无足，其式稍入时矣。若人物、八仙之属，亦有佳品。乾窑大者，有仿古鼎形。宫庙中尤多巨制，五彩锦地，庄严绚烂，此等又俱横款居多也。

【解读】

龙泉窑青釉鬲式炉（南宋）

香炉是传统的实用器和陈设器，古代文人常将香炉置于厅堂或摆于书案，抚琴、读书时燃起香烟袅袅，引发无限的诗情逸思。香炉还是佛门法物和百姓家中常备的供物，因其用途的不同，样式也有很多变化。香炉主要的材质包括铜、陶瓷、金银、竹木、珐琅及玉石等，其中，瓷制香炉从汉代出现以来，一直以制作精巧受到广泛欢迎。

汉代的青瓷博山炉是较早的瓷香炉，炉盖被设计成重叠的仙山形状，周围有云气仙人依附。燃香时烟气从炉盖孔洞中飘出，恍若仙境。宋代，由于帝王的喜爱与推崇，大量仿古代青铜器的瓷器出现，如南宋官窑的鬲式炉，仿商周青铜鬲而制，专供宫廷祭祀或陈设之用。除此之外，还有鼎式炉、奁式炉、鱼耳炉等多种样式。宋代以后，直到明清时期，大型瓷香炉是皇宫中不可少的陈设，小型香炉则成为文人的把玩之物，具有很高的艺术价值。

胭脂紫彩勾莲八宝纹鼎式炉（清 乾隆）

文中写道，作者常见一件宋代香炉，不仅釉色莹润，无与伦比，而且底足部分的釉层也非常匀净，通体都没有露胎的地方。原因是这种香炉在全身挂釉后，入窑时用铁钩钩住炉体内部，将其吊起来烧成，叫作“吊烧”，因此表面毫无露胎。

明代的瓷香炉常做法花，有兽形凸起的尤为可贵。到了康熙年间，香炉往往形体大而扁，没有足。绘人物、八仙图案的也有佳品。乾隆官窑所制形体较大的香炉，有的仿古代铜鼎形，皇宫和宗庙中形体巨大的尤其多见，绘五彩锦地，庄重严肃而又绚丽灿烂。这种香炉以书写横款的居多。

瓷灯有仿汉雁足者，其釉色则仿汝之类，大

抵明代杂窑也。至清乾、嘉，贵尚五彩，制虽华腴而乏朴茂，式亦趋时不古矣。清中叶所制竟有如洋油灯罩者，亦可以点烛罩之，有锦地开光及影青花不等。

【解读】

瓷灯，就是瓷制的油灯。早在魏晋南北朝，随着青瓷技术的成熟，青瓷灯开始取代此前常见的青铜灯，在宫廷和民间被广泛使用。作者提到，有一种仿汉代青铜雁足灯而制的瓷灯，釉色为仿汝窑一类的青釉，大概是明代民窑所制。清代乾隆、嘉庆时期，瓷灯崇尚五彩制品，制作得富丽华美，但缺少朴实厚重之感，样式也趋于时尚而毫无古意。清代中叶所制的瓷灯竟然有类似洋油灯罩的，也可以点蜡烛罩在上面，有锦地开光和影青花灯多种。

绿釉高足承盘狮子顶灯（清）

有一种壶，形甚特别，略如直截之竹筒，惟

于上半截旁出一嘴，嘴作龙形。其盖在顶处，甚平，不露盖也。顶略同僧帽形，向嘴一边较高，向背一边斜矮。身有数截，纯竹筒形，惟每截均绘花，乃素三彩龙、螭、海马之属，名曰多穆壶。盖内府以之盛牛乳者，其制乃满蒙遗俗也“多穆”二字当系满语。

【解读】

有一种瓷壶的形状非常特别，有点像截下来的一段竹筒，只是上半截旁边出来一个龙形的壶嘴。此种壶的盖子在顶上，很平，不露盖。其顶部有点像僧帽壶的形式，而靠近壶嘴一边稍高，向着壶背的一边下斜。壶身有数段，完全是竹筒的形状，每段都有彩绘花纹，多为素三彩的龙纹、螭纹、海马纹之类。这种壶叫作“多穆壶”，是宫廷用来盛牛奶的容器，其形制来自满族和蒙古族的风俗习惯。

仿木纹釉多穆壶
（清 乾隆）

作者在最后说，“多穆”二字应该是满语的音译，实际上，“多穆”二字来源于藏语，原意为藏族人搅拌和盛放酥油茶的器皿。

在酥油桶形制的基础上，口沿添加僧帽状的边，又添壶把和壶嘴，就成为多穆壶。明清时期，皇室对于西藏及藏传佛教非常重视，许多具有西藏民族特色的器物进入宫廷，多穆壶就是其中之一。尤其是清代，宫廷造办处生产了许多精美的多穆壶，供皇帝册封、赏赐高僧以及进行各种法事之用。

鼻烟壶佳者多至不可胜纪，大抵雍正者多浑圆而长，亦有六角，或青花、或夹紫、或釉里红，种种不一。而形体较巨者，亦可兼作小瓶用也。乾隆之制，形式较扁，种种均有，而以雕瓷五彩人物者为尤多。

【解读】

鼻烟壶，就是盛装鼻烟的壶形容器。鼻烟于明末清初传入中国后，鼻烟盒也逐渐演变成了富有中国特色的鼻烟壶。清道光年间，北京皇宫内造办处开始制造鼻烟壶，专供皇室和贵族使用。康熙年间，清宫造办处制造的各种鼻烟壶极尽精巧，开辟了一项工艺美术的新门类。鼻烟壶的种类很多，主要有金、玉、瓷、料器、珐琅等，其中瓷制鼻烟壶是非常重要的一大门类。瓷鼻烟

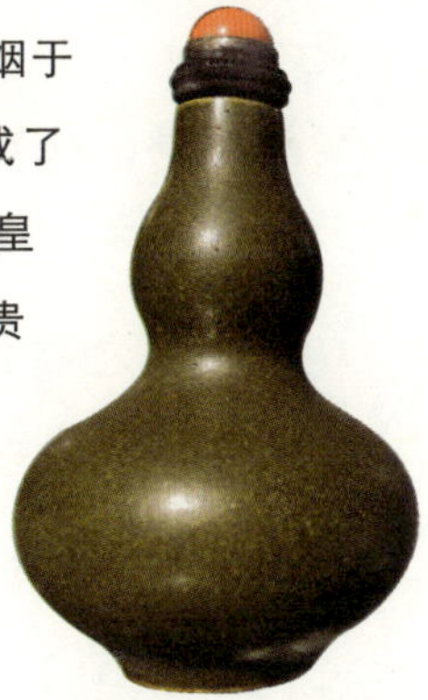
茶叶末釉鼻烟壶（清）

壶种类齐全，青花、斗彩、粉彩、釉里红等品种应有尽有。清代瓷鼻烟壶制作最精的要数古月轩瓷胎画珐琅制品，其胎上珐琅釉彩微微凸起，画工细致，色彩绚丽，题词出自名家，充满了书卷气。正如作者所说，鼻烟壶上佳之作多到胜不胜数。

瓷胎画珐琅双联鼻烟壶（清）

无论人物、鸟兽概谓之像生器具，若仿均双鹿、双马，奕奕如生，隽品也。至双狮，亦颇可玩，而稍嫌于笨重，不如双象之名贵。双鹤亦矫矫可观，至五彩双鸡，则品斯下矣。

象亦有单个者，乾窑驯象，身作米色，体五彩文绣，至精美也。背驮一器，可作插香之用，案头清供，亦殊雅玩。

鹿也、马也、兔也、狗也，有双者亦有单者，双者不可必得，则单者亦足清玩。马有三彩者，狗有红黑者，雍、乾间品颇属可喜。

瓷狗，在清中叶尝喜制之，小者往往混于洋瓷，盖乾、嘉当时泰西已有流入者矣。

尝见有一瓷品作蹲兽状，不知其为狮欤、狻猊欤、狗欤？但极怪而已。底甚平，背有一孔，意者亦作插香之用，为兽炉之别派耶？

【解读】

本章最后几节讲到了清代的像生瓷。像生瓷指的是模仿禽兽、虫鱼、植物、瓜果等形象的瓷雕作品。清乾隆年间，由于乾隆帝的喜爱，像生瓷非常盛行。从工艺上讲，像生瓷多为色调齐全的粉彩瓷，其色泽、形态与真物酷似，惟妙惟肖，十分生动传神。

文中提到仿钧窑的双鹿、双马，栩栩如生，非常精致。双狮稍显笨重，不如双象名贵。还有双鹤，姿态矫健，可供观赏。至于五

像生瓷海螺（清 乾隆）（图片提供：FOTOE）

彩双鸡则品格稍差。

双象之外，也有单个的象，如乾隆官窑所制的驯象，全身米色，绘有五彩花纹，极为精美。其背上还驮有可以插香的部件，清供于书桌案头，是非常好的雅玩之器。

鹿、马、兔、狗等像生瓷，有成对的，也有单个的。瓷马有三彩的，瓷狗有红、黑色的，雍正和乾隆年间的制品都颇为可爱。

瓷狗在清代中叶很受欢迎，多有制作，小件的常常混入洋瓷。这是因为乾隆、嘉庆年间西洋产品已经开始流入中国。

最后，作者说自己曾见过一件蹲兽形的瓷雕作品，不知道是狮子、狻猊还是狗，形态非常奇怪，器底很平，背部还有一个小孔，像是用来插香的，不知是不是一种兽形瓷炉。

说疵伪第十

物有纯必有疵，有真必有伪，知其纯者、真者，而不知其疵者、伪者，非真知也。惟能知其疵与伪，而不至为疵、伪所欺，斯纯与真者出焉矣。凡物皆然，于瓷尤甚，故特辟一门，以作照夜之灯、然犀之镜也。

【解读】

本节是本章的小序。作者说道，世间器物有纯粹的就必然有有毛病的，有真品就一定有伪品，只知道纯粹、真实的，而不认识瑕疵、虚假的，这不是真的知道。只有能辨认瑕疵和伪造，不为其所欺骗，纯粹与真实的东西才能显露出来。这个道理适用于所有器物，而瓷器尤其如此，所以特设一章专论疵伪，作为黑夜中的灯火、燃犀角的明镜。

在瓷器辨伪中，需要区别仿古瓷与作伪瓷的区别。仿古瓷最早盛行于

仿雍正青花缠枝花纹天球瓶

明代，是前人崇尚古风的作品。明永乐、宣德、成化年间的仿古瓷主要仿宋代名瓷。正德以后，以至嘉靖、隆庆、万历时期，盛行仿永乐、宣德、成化时期瓷器。而清代康、雍、乾三代官窑仿宋代及明代前期的瓷器则更为出色。明代民窑的仿古风气也十分盛行。质量精良的仿古瓷器本身也具有很高的艺术和收藏价值。作伪瓷则是一些不法之徒在利益的驱使下，故意进行的造假和欺骗，手法肆意，无所不用其极。

有虽疵而不得谓之疵者，曰缩釉、曰短釉、曰麻癞、曰黏釉。缩釉者，谓入窑之际，火候骤紧，往往敛釉露出胎骨也。短釉者，谓随意挂釉，不到底足，此等蘸釉法病在不匀。黏釉者，谓釉汁未干，两器相并而为一，擘之使开，若黏片砾然。麻癞者，谓入窑时黏有火炭，釉汁稍缩成堆垛形。此数者，皆宋、元所常有，且有因是而证制作之确据者，故曰虽疵而不得谓之疵也。

【解读】

本节讲的是瓷器上虽有瑕疵，但一般都不视为瑕疵的四种情况：缩釉、短釉、麻癞和黏釉。缩釉在前面讲过，就是瓷器入窑烧制时，火候突然紧缩，使釉层收缩，露出胎骨。短釉，就是在给瓷胚挂釉时比较随意，釉层不到底足，出现在用蘸釉法上釉的瓷器中，主要弊病在于釉层不均匀。黏釉，就是釉汁还没干燥的时候，两件瓷器粘连在一起，烧成后只能将二者劈开，粘连的地方就像黏着一片砾石一样。麻癞，就是入窑时瓷器釉层表面粘上了火炭微粒，釉汁因此稍有收缩，形成堆垛。以上几种情况在宋元时期的瓷器中都比较常见，而且可以用这些瑕疵来作为宋元瓷器真品的证据，所以不能当作是真的瑕疵。

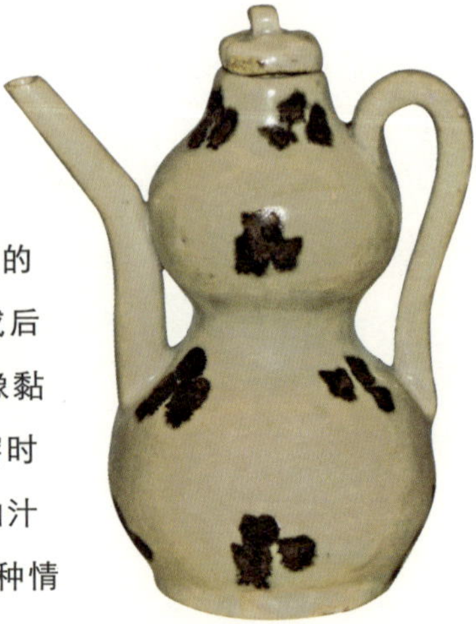

青白釉褐斑葫芦形执壶（元）

有小疵而不掩大醇者，曰窑缝、曰冷纹、曰惊纹、曰爪纹。窑缝者，谓坯质偶松，为火力所迫，土浆微坼，厥有短缝。冷纹者，谓器皿出窑之顷，风力偶侵，一线微裂，不致透及他面。惊纹者，谓瓷质极薄，偶缘惊触，内坼微痕，表面却无伤损。爪纹者，谓器有裂痕，略如爪状，或由沸水所注，或由窑风所侵。是数者皆疵类极微，无伤大体者也。

【解读】

瓷器上虽有微小瑕疵，但并不掩盖其大体上的完好，这样的情况有四种：窑缝、冷纹、惊纹、爪纹。窑缝，就是瓷坯质地比较疏松，在窑中火烧之下受热不均，胎体出现小的裂纹。冷纹，是瓷器烧制完成出窑的时候，偶然受到冷风侵袭，器身出现细微的裂纹，而没有透到另一面。惊纹，现在收藏界行话称“里冲外不冲”，就是胎体非常薄的瓷器偶然间受到某种冲击，器物内部出现微小裂纹，而表面并无损伤。爪纹，是指器物表面的裂痕类似爪子的形状，有的是由于注入沸水造成，也有的是受到窑风侵袭所致。这几种瑕疵都极为细微，对瓷器大体无伤。

古窑内部

有视其疵病之浅深以定有碍无碍者，曰串烟、曰伤釉、曰崩釉、曰暴釉、曰冲口、曰毛边、曰磕碰。串烟者，谓烧瓷之顷，偶为浓烟熏翳，或类泼墨之状，或呈果熟之形。若是者，视其浓淡、多少以定优劣。伤釉者，谓器用日久，案磨布擦，细纹如毛，色呈枯暗。崩釉者，谓硬彩历年既久，遂至崩坼，彩色剥落，坠粉残红。暴釉者，谓釉质凸起，形如水泡，手法欠匀，火力逼之，遂呈斯状。若是者，视其地位多寡以判低昂。冲口者，谓器皿之口，或触或震，口际微裂成直缝形。毛边、磕碰，均谓器皿口边微有伤损处，伤处甚小，而扪处略有棱者，曰毛边；伤处较多，而胎骨少缺，但边际尚未露棱者，曰磕碰。若是者，亦视其受病之大小，以定其价值之增减焉。

【解读】

此节讲的是需要根据瑕疵的严重程度来判定对瓷器价值影响大小的情况，有串烟、伤釉、崩釉、暴釉、冲口、毛边、磕碰几种。

串烟，指瓷器在窑中烧制时受到浓烟熏烤而出现的黑斑，有的类似绘画泼墨的效果，有的呈现果实熟透的形状。这种情况要根据黑斑的浓淡和多少来定其优劣。

青花松竹梅纹蟋蟀罐（明 宣德）

伤釉，是瓷器使用日久，在桌案磨蹭和抹布的擦拭下出现如毛丝一样的细纹，釉色也变得干枯暗淡。

崩釉，是指硬彩经历年深日久，釉层出现崩裂，彩绘颜色成块剥落，仅残余一部分红色或粉色。

暴釉，就是釉质凸起，就像水泡一样，是制作时施釉不匀、入窑后热力不稳所致。这种情况要根据其出现的位置和数量多少来判定瓷器价值的高低。

冲口，是指器皿的口部因受到冲击或震动，出现微小的直线形的裂纹。

毛边和磕碰也都是瓷器口部的微小损伤，摸上去略有棱线的是“毛边”；伤处较多，而胎骨也略有缺少，但边缘尚未露棱的，叫“磕碰”。

有人工造作而成疵者，曰磨边、曰磨底。磨边者，谓瓶具口际曾经缺损颇巨，因将边磨平，或锯去颈项，故成罐形，价值所失十折八九矣。磨底者，因嫌底款年代不久，磨去其款，托于远代，然物品果美，亦有得善价者。

元代青花瓷残片

【解读】

此节讲的是人工造作而形成的瑕疵，有磨边和磨底两种。磨边就是瓷瓶类器具的瓶口部分曾经有较大的缺损，所以将口边磨平，或者将颈部锯掉，形成罐形，其价值损失十之八九。磨底，是指嫌某件瓷器底款的年代不够久远，所以将款识磨掉，假托其是久远的古物。不过如果器物的确很美，也有卖上好价钱的。

有人工造作而成伪者，曰假底、曰真坯假彩。假底者，取旧瓷之底嵌于新瓷，伪物真款，以欺一时。然功劳而计拙，易于识破，不常有也。真坯假彩者，谓取旧瓷之白质无花者，加以彩绘。

胚质则确属古物，彩绘则后来所加，缘旧瓷之光素者价值甚廉，且景镇积年遗物颇多，一经加彩，则冀得数倍之善价。此种甚夥，易售其欺也。

【解读】

此节讲的是瓷器经过人工加工而成为伪品的，有假底和真坯假彩两种情况。所谓假底，就是将古旧瓷器的器底取下来嵌在新制瓷器上，这样一来，器物虽是假的，底款却是真的，可以欺骗一时。不过这种做法既费力又笨拙，很容易被识破，所以并不常见。而真坯假彩，就是在釉面光素的古旧白釉瓷器上加以彩绘，其器坯确实是古物，但彩绘却是新加上的。古旧的光素瓷器价值很低，而且景德镇瓷窑中累积多年的此类旧物有很多，因此造伪者希望加彩后可以卖得数倍的高价，这种伪造瓷器很多。

至于补耳、补颈、补足、补口等病，则尤不胜觏指，但小心检视，察及细微，则此种疵病亦不难于洞烛，惟当勿掉以轻心耳。

更有将光素破瓶用药黏紧，复于裂痕之处加画硬彩花绘于其上，此等作伪乃合真坯假彩及黏补两者而一之，亦不易猝尔识破，尤不可不慎者矣。

【解读】

出土于明景泰四年古墓的青花宝杵纹碟

瓷器的瑕疵还有补耳、补颈、补足、补口等等，不可胜数，需要小心地检查审视。只要查看细微处，那么各种疵病都不难分辨出来，尤其不要掉以轻心。

还有人将破掉的光素瓷瓶用药料黏合起来，然后在拼接的裂痕处画上硬彩花纹，这种作伪手段是将真坯假彩和黏补这两者合二为一，所以不容易一眼识破，鉴定时要慎之又慎。

有一种新制之瓷，异常精细，不但毫无浮光，且能发出宝光，价甚不赀。余初不解其何以能发宝光，及详考之，乃知系用重赀定制。一切物料，悉以旧物为标本，毫发无异，故有明知新制者亦出重价以购之。闻某西人以数百金定制瓶一对，即此类也。

有取新制之瓷去却釉面浮光之法，系先用浆砣轻轻擦磨，更虑所磨之处存有细痕，复用牛皮胶砣沾油磨之，使更平而且润。但此等去光之法，骤视或足乱真，然细微察之，终有迹象也。

磨釉退光，一在求旧，一在掩新，其术恒易售。凡仿旧之物，万不能色色俱佳，毫无破绽，惟将光亮退去，使色之新旧无由辨，而后物之真伪乃无由分，斯诚术之巧者矣。不知古物原来失亮系被土气所侵，故虽失亮之中，仍有透亮之处。若夫新物失亮，乃用物磨去，无论细痕有无，而识者终不难于判别也。

【解读】

这三节讲的都是新瓷做旧的作伪方法。作者提到有一种新制的瓷器，非常精细，不但毫无浮光，而且能发出宝光，价格甚高。作者起初不知道其中缘由，后来才知道制造者花重金定制所有原料，都以古旧瓷器为标准，毫发无异。所以有人明知其是新制，还愿意出高价购买。作者曾听说有外国人花费数百金定做一对瓷瓶，就是这一类的器物。

现代瓷茶具

所谓“宝光”，指的是老旧瓷器上经年累月形成的一种由内而发的温润、鲜嫩、如脂如玉的光泽。具备宝光的旧瓷都是瓷质精巧、胎釉优异的上乘之作。而相对来说，新制瓷器反射出的新鲜、明亮的光泽被称为“浮光”或“贼光”。作伪者有一种去掉新制瓷器釉面浮光的方法，即先用浆砣轻轻摩擦，考虑到摩擦之处可能留下细痕，再用牛皮胶砣蘸釉摩擦，使瓷器表面更加平滑光润。这种方法乍一看可以乱真，但仔细观察之下，终究会发现痕迹。

以摩擦釉面的方法来减退浮光，一是想要瓷器呈现古意，二是要掩盖新制的特征。凡是仿旧的瓷器，肯定不能面面俱到、毫无破绽，只是使光亮减退，使色泽的新旧无法辨别，器物的真伪无法判定。骗术虽然巧妙，但是，岂不知古瓷失去明亮的浮光，是被土壤之气所侵袭造成的，整体失去光泽，局部仍有透亮的地方。而新物失去光泽是人工磨去的，无论有没有细痕，鉴赏的人终究是不难判别的。

款字之鉴别亦不易。道光至光绪初所仿前代款字，犹不甚笃似。若近年之款字，恒有与乾隆时官窑丝毫无二者，但凭是以辨真伪，殆不仅皮相之讥。故藉绘事以察新旧，而绘事之精者足以颉颃前代也。藉瓷质以察真伪，而瓷质之精者又足鱼目混珠也。论款字则丝毫无二，论彩色十得八九，所略欠之一二成，亦容易忽略也。然则执何术以察之？曰：所终逊于前代者，但胎、釉上之研究耳，然非极细心巨眼，犹未能以察别之也。

【解读】

瓷器款识的鉴别十分不易。清道光到光绪初年所仿的前代款识，尚且不太相似，而近年来新仿的瓷器年款，有许多和乾隆时官窑瓷的丝毫不差，所以不能单凭题款来辨别真伪。如果借由彩绘图案来判别真伪，而新品中画工精美的足以与前代抗衡。如果借由瓷质来判别真伪，那新品中瓷质精良的又可鱼目混珠了。如果从款识来看，丝毫没有差别，从彩色来看，能判断个十之八九，而所缺的一二成也很容易忽略。那么究竟应该用什么方法来分辨呢？可以说，新制瓷器终究不如前代的，只是胎、釉的制作更加考究而已，但如果没有极度的细心和敏锐的眼光，还是无法分辨它们的差别。

“大清宣统年制”字款

红为最难仿之色。光绪初、中叶所仿者，惟薄施淡抹而已。至近年，则大红、深红与夫胭脂水、豇豆红诸难仿效之色，均无一不有，仿效亦能颇得六七，虽专家亦往往售其欺。然是等物品，色泽纵足炫人，而瓷质、瓷胎细辨之，终有不类耳。

绿色之难仿更甚于红。纯色釉之绿色者，则颇足乱真，然仍乏深黝之致。至于仿康熙彩之硬绿，则最难形似，釉每混而不清，或则发黑，或则发黄，参入洋料，其迹显然。故新物凡有硬绿之处，莫不用砣去光，以掩其迹。

黄色之新者，其匀也足与旧相类，而病在过鲜。

若夫深黄，其釉亦略混，与天然之金珀黄，其光润透亮迥乎不同。至蛋黄色与旧者较，亦未免有差池之别。

紫色亦为最难仿之色，薄则色淡，厚则发混，且其色亦紫中发红，或紫中发黑，显由他色配合而成，比于旧瓷之紫，瞠乎远矣。

蓝之一色乃近年仿旧之最有成效者也。光绪中所仿者，或蓝而带黑，或蓝而带灰，均不难于判别。至近年，摹仿康熙蓝，竟得七八，最足乱真，且亦能深入胎骨，所尚能认别者，恃质地及画片耳。

白者本质，研究最要，而识别又甚难。大抵新者，其釉近糠，火气宛然，求如旧瓷之美质，渺不可复得。或者就发青、发黄之点以判时代之高下，是又不尽然也。最近新发明者，光致之极，几似乾隆矣。独稍欠缺者，一则光由内发，一则光由外铄，相去终有径庭也。

新制黑色与旧者最难相混，旧瓷之黑釉与彩浑成一片，新者之黑不但浮光宛然，且细辨之，釉与彩显有迹象，未能水乳交融。

【解读】

以上几节文字讲的是从釉色方面来辨别瓷器的真伪。作者认为，红色釉是最难仿制的颜色，光绪初期和中期的红釉仿制品只是薄施淡抹而已。而近年来，也就是清末到民国初年，大红、深红、胭脂水、豇豆红等各种难仿的红色都一一被仿制出来，而且能达到六七分像的程度，专家也经常受其蒙骗。不过这种仿品即使色泽能够迷惑人，但仔细分辨其瓷质和瓷胎，还是有不同的地方。

豇豆红釉瓶（清 康熙）

绿色釉难仿的程度大过红釉。纯色釉的绿釉仿制品，颇能以假乱真，不过仍然缺少深黑的韵致。而仿康熙五彩的硬绿，最难做到相似。仿制的绿釉往往浑浊不清，或者发黑，或者发黄，掺入洋料的痕迹相当明显。所以新仿品凡是有硬绿的，都会用砣磨去光亮，以掩盖作伪的痕迹。

黄色釉瓷中新制的产品，其釉面的匀净足以与古瓷相比肩，但缺点是过于鲜艳。而深黄色釉的新仿品，釉彩略显浑浊，与光润透亮的金珀黄相比迥然不同。至于仿制的蛋黄色釉，与古代真品也有不同之处。

紫色釉也是最难仿制的釉色，釉层薄了颜色会淡，厚了又容易浑浊。而且仿品的釉色往往紫中发红、发黑，显然是由其他几种色釉配出来的，比旧瓷的紫色差得太多了。

蓝色釉瓷，是近年仿旧瓷器中最成功的一种。光绪中期所仿的蓝釉瓷，有的蓝中带黑，有的蓝中带灰，都不难辨别。而近年来仿康熙时期的蓝釉瓷，竟能达到七八分相似，足以乱真。尚可用以分辨的，就是质地和画面了。

白釉瓷器的质地是分辨真伪最需要研究的方面，而识别起来却非常难。新仿的白釉瓷器，釉质近于米糠，带有非常明显的火气，想要做到像古代白瓷那样美的质地，十分渺茫。有人从釉色发青或发黄的特点来判断其时代的早晚，也不完全正确。最近新发明的白瓷釉面极为光亮细致，几乎和乾隆制品一样。唯一欠缺的，就是古瓷光泽从瓷质内部焕发出来，而新瓷的光泽来自瓷器表面，相差还是很远的。

新仿的黑釉瓷器与古代黑瓷最易混淆。古瓷的黑釉与釉上的彩绘是浑然一体的，而新品的黑色带有浮光，而且仔细辨别还能发现，釉层和彩绘之间的迹象非常明显，达不到水乳交融的境地。

仿明代黄釉带盖牺尊

凡新仿之品，以光绪之朝为最多，若咸、同间仿者，皆易于识别。盖彼时一朝有一朝之面目，虽仿旧制亦不脱当时面目也。惟光绪则不然，袭历朝之形式，无所不仿，且亦一一皆得近似。今于仿制中可分其沿革先后焉。初年所仿者，以宋、元及纯色釉等品为多，盖当时清初物品不甚难得，而当朝士夫一二好古者，喜讲宋、元，藉供考订，故宋、元物仿者最多。中叶所仿殊属寻常，彩绘既不甚精，遂遁入仿明一派。盖以明画粗率，易于藏拙也。自末叶以至近日，所仿至为进步，一由官窑良工四散，禁令废弛，从前所不敢仿之贡品，今则无所不敢矣。一由近年西人辇金重购，业此者各自竞争，美术因之进步。研料选工，仿旧精者辄得八九，而五彩冒乾隆款者为尤多，以其易投时好也。至纯色釉冒明代暨康、雍款者，亦极仿旧之能事，杂出其途，以相炫焉。前所云最精最难辨者，大率皆最近之品欤？

【解读】

仿古的瓷器以光绪年间所制最多。之前咸丰、同治年间的仿品都很容易识别，因为当时的瓷器烧造一朝有一朝的风格特点，即使是仿古制品，也脱离不了当时的风气。光绪时期则不然，模仿历朝的瓷器种类，无所不仿，而且每一种都仿得非常近似。

仿清乾隆粉彩花卉纹胆瓶

光绪初年所仿的瓷器，以宋、元时期的古瓷和纯色釉瓷器较多，因为当时清初的瓷器还不是很难见到，而朝廷中的某些士大夫非常喜好古玩，最喜欢依据宋元的古书，以供考订，所以宋、元瓷器仿制最多。

光绪中期，仿古瓷比较普通，彩绘不是非常精致，而流于仿明代瓷器的一派了。因为明代瓷器绘画比较粗放，易于藏拙。

而从清末到近年，仿品大为进步，一是因为官窑中技术精良的瓷工四散到民间，而且禁令废弛，以前不敢仿的贡品也都可以仿制了。二是因为外国人以重金收购瓷器，引起从业者的激烈竞争，制瓷工艺由此得以快速发展。通过精心研制原料、挑选工匠，仿古瓷的精品可以达到八九分相似，而五彩瓷中仿冒乾隆款的尤其多，主要是因为投合时尚。

仿明宣德青花鸡心碗

近年来，随着科学技术的发展以及古瓷收藏市场的繁荣兴盛，从事作伪瓷器利润可观，所以瓷器市场上赝品数量庞大，造

青花鬼谷下山图大罐（元）

假的新手段层出不穷，迷惑性也越来越大，许多专家也难免“打眼”。鉴定一件古瓷的真伪，首先还是要掌握各个时期瓷器在造型、胎骨、釉彩、绘画风格、款识、窑口、修坯工艺、装烧方式等各个方面的特点及其演变的脉络。鉴定瓷器时以上几方面要一一对照，有一点不对都要格外注意。